Kees Vanderheyden

L'Enfant de l'ennemi

D1361883

Éditions de la Paix

Gouvernement du Québec

Programme de crédit d'impôt pour l'édition de livres

Gestion SODEC

Le Conseil des Arts | The Canada Council
du Canada | for the Arts

Nous remercions le Conseil des Arts du Canada de
l'aide accordée à notre programme de publication.

Nous reconnaissons l'aide financière du gouvernement
du Canada par l'entremise du Programme d'aide au
développement de l'industrie de l'édition (PADIÉ) pour
nos activités d'édition.

Kees Vanderheyden

L'Enfant de l'ennemi

Collection Ados/Adultes, no 32

Éditions de la Paix

pour la beauté des mots et des différences

© 2006 Éditions de la Paix

Réimpression 2007

Dépôt légal 4e trimestre 2006
Bibliothèque nationale du Québec
Bibliothèque nationale du Canada

Imprimé au Canada

Page couverture   Kerry Summers
Graphisme   Eclypse Images
Révision   Jacques Archambault
                    Evelyne Gauthier

Éditions de la Paix
127, rue Lussier
Saint-Alphonse-de-Granby
Québec J0E 2A0
Téléphone et télécopieur 450 375-4765
Courriel info@editpaix.qc.ca
Site WEB http://www.editpaix.qc.ca

**Données de catalogage avant publication
(Canada)**

Vanderheyden, Kees

L'enfant de l'ennemi

(Collection Ados/adultes ; no 32)

        Comprend un index.

        ISBN 978-2-89599-033-8

1. Traudi. 2. Enfants et guerre - Pays-Bas. 3. Guerre
mondiale, 1939-1945 - Enfants - Allemagne -
Biographies. I. Titre. II. Collection: Ados/Adultes ; 32.

D810.C4V36 2006 940.53'161 C2006-940426-7

DÉDICACE

Aux milliers de familles néerlandaises qui, au lendemain de la Seconde Guerre mondiale, ont accueilli trente mille enfants de l'ennemi
venant d'Autriche et d'Allemagne.

À la Croix-Rouge et aux Églises qui ont contribué au triomphe de la compassion sur la haine et l'esprit de vengeance.

À Traudi, la petite Autrichienne, qui a frappé à notre porte en mars 1948.

Aux familles qui, encore aujourd'hui, acceptent d'accueillir l'enfant de l'ennemi à leur table.

Remerciements

Je tiens à dire haut et fort ma vive reconnaissance aux personnes suivantes qui ont rendu ces retrouvailles et ce récit possibles :

— Siegfried Schmidt, du service de dépistage de la Croix Rouge autrichienne à Vienne

— Gerlinde Thurma, l'artiste viennoise, mon intermédiaire généreuse et rapide entre Traudi et moi pour accélérer les contacts.

— Horst Roth, mon ami allemand, qui a traduit mes lettres, même les très longues, en un allemand magnifique.

— Josiane Arsenault et Martin Saint-Gelais qui ont produit la pièce de théâtre *Auf Wiedersehen* en mémoire des enfants allemands qui ont tant souffert de la guerre de leurs aînés.

— À Denise Brodeur et Pascale Matheron qui ont aidé les soixante enfants de l'école Marguerite-Bourgeois de Montréal à écrire à Traudi pour lui dire leur affection et lui présenter leurs vœux de paix.

— Et le dernier, mais pas le moindre, Jean-Paul Tessier des Éditions de la Paix, qui a décidé d'offrir ce merveilleux récit aux lectrices et lecteurs (en français et en anglais) dans l'espoir qu'il contribue à faire germer la réconciliation entre les frères ennemis.

Table des matières

Avant-propos

En fouillant chez votre libraire à la recherche de livres consacrés à la Seconde Guerre mondiale, vous trouverez des écrits remarquables sur les grands acteurs et les moments déterminants de ce drame. Des milliers de livres ont été écrits sur les batailles, les soldats, les héros et les monstres. Peu de pages ont été écrites sur les simples civils qui ont été broyés par l'horreur des invasions, des persécutions, des bombardements et de la faim. Parmi ces citoyens ordinaires, on semble avoir oublié les hommes, les femmes et les enfants des vaincus, car l'histoire est habituellement racontée par les vainqueurs.

En lisant ce petit livre, vous ne rencontrerez pas de grands personnages, mais une enfant, une petite Allemande, Traudi, enfant de l'ennemi. Son témoignage montre que l'horreur de la guerre frappe aveuglément, mais son histoire nous révèle surtout la force de la compassion qui peut vaincre la haine pour l'ennemi d'hier.

Ces pages veulent attirer l'attention sur les oubliés des guerres. Elles révèlent aussi la compassion de la Croix-Rouge et de milliers de familles qui, au lendemain de cette guerre meurtrière, ont accueilli sans réticence les enfants de l'ennemi. L'espoir de la paix réside en grande partie chez ces citoyens anonymes. Ils aident peut-être ainsi à retrouver le chemin de la paix pour les autres victimes des guerres qui continuent d'affliger notre famille humaine.

Le pardon est la plus belle fleur de la victoire.

(Proverbe arabe)

L'eau ne reste pas sur la montagne ni la vengeance dans un grand cœur.

(Proverbe chinois)

Chère lectrice,
Cher lecteur,

   L'idée de la réconciliation m'obsède.
Est-ce un vieux rêve de fraternité ou le
retour de vieux souvenirs de la Seconde
Guerre mondiale ? Je ne sais trop. Mais
dans les années 1990, j'ai commencé à
penser aux soldats allemands qui ont
occupé mon pays, et des rancœurs persis-
tantes remontent contre les ennemis
d'hier. J'ai commencé alors, plus ou moins
systématiquement, à chercher la trace
d'un général allemand et de ses officiers
qui ont occupé notre belle maison à
Oisterwijk, aux Pays-Bas. Durant l'été de
mes 11 ans, le général, qui s'appelait, je
crois, Schliemann, m'a appris, sans s'en
rendre compte, l'horreur et la folie de la
guerre.

Je nourris le rêve de me réconcilier avec nos ennemis du temps pour réussir ma petite part du projet de la grande fraternité humaine. C'est un chemin difficile, car on balance sans cesse entre le jardin du pardon et le désert de la condamnation.

Je fouille souvent dans des index de livres d'histoire pour retrouver le nom du général Schliemann. J'évoque aussi discrètement ces journées de la guerre avec des collègues allemands que je rencontre assez régulièrement, soit à l'occasion de conférences internationales de télévision, soit à des réunions de travail durant le festival international de télévision pour enfants à Munich.

Mon problème est que les gens de mon âge n'étaient pas soldats à ce moment-là. Il faut donc trouver des collègues d'au moins 10 ans de plus que moi. Mais si j'en trouve, je ne sais pas très bien comment aborder cette question délicate. Que pensent-ils de ce passé terrible ? Ont-ils des souvenirs qu'ils préfèrent oublier ?

Ont-ils le goût d'en parler ? Ensuite, c'est une chose de se rappeler des souvenirs, c'en est une autre de se réconcilier. Je n'ai aucune idée comment m'y prendre, mais la quête m'obsède durant mes voyages.

Ainsi, j'apprends à connaître un Allemand plus âgé que moi, Hans Gert Falkenberg. Il occupe un poste obscur à la télévision publique allemande. Les yeux doux, le regard attentif, le verbe facile, il a l'air et le discours d'un philosophe. Il a lu bien plus que moi et semble poursuivre le salut de l'humanité. Ses interventions dans les réunions sont tellement inter-minables, tellement pleines de pensées difficiles à saisir et si loin de la réalité quotidienne que nous nous calons dans notre siège quand Hans prend la parole. Nous redoutons ce gentil orateur, moins à cause de ses idées insaisissables qu'à cause de la longueur de ses interventions. Mis à part ses élucubrations philoso-phiques, nous aimons bien le vieil Allemand aux cheveux gris. C'est une âme sans malice, mais pleine de tourmentes et de brumes.

Nous sommes en 1990 et nous participons tous les deux à Venise à une conférence de *INPUT*, conférence internationale sur la télévision publique. Nous logeons au même hôtel. Le matin, je descends prendre le petit déjeuner au restaurant de l'hôtel, au bord de la lagune. Le restaurant offre une vue magnifique sur l'île San Giorgio où se tient la conférence. Hans est là, seul à une table, le regard préoccupé, perdu dans ses pensées. J'hésite un instant, puis je décide de m'asseoir avec lui pour prendre un café et une bouchée.

Je ne sais comment le sujet a fait surface, mais Hans s'est mis soudainement à parler de son séjour comme soldat allemand, membre des troupes d'occupation en France durant la guerre. Je reste bouche bée. Ce philosophe, grand frère de l'humanité, a participé à l'écrasement de la France. Je le laisse parler, je pose des questions. Comment se sent-il, homme instruit et humaniste, membre des forces armées qui ont brutalisé les gens et leur ont arraché leur liberté, ont torturé et ont tué ? Hans me confie qu'il avait été profondément traumatisé par cette expérience qui allait à l'encontre de ses convictions profondes.

Je lui ai alors raconté mes expériences comme enfant sous l'occupation allemande et j'ai laissé paraître mon rêve qu'occupés et occupants réussissent à se réconcilier. Je n'ose pas aborder encore la question de réconciliation, mais j'ai l'impression qu'elle est en train de se faire là, discrètement, tout en sous-entendus.

J'ai oublié comment ce petit déjeuner avec Hans s'est terminé, mais j'ai gardé une image extrêmement vive de cette rencontre à Venise. Je vois un restaurant

inondé de la belle lumière du matin, con-
stellé de nappes blanches, avec une vue
magnifique sur l'île de San Giorgio avec,
dans l'air, un sentiment de soulagement et
de joie.

Si un jour je pouvais m'asseoir à table
avec les soldats allemands d'Oisterwijk ou
avec leurs enfants pour tourner la page de
la guerre ensemble et goûter la lumière du
soleil, dans la vraie paix ! Je ne réalise pas
que j'ai déjà rencontré une enfant qui m'a
mis sur le chemin de la réconciliation, une
jeune Allemande, une enfant de l'ennemi.

De tous les visages qui ont traversé ma
cour durant et après la guerre, c'est celui
de cette enfant de l'ennemi, Traudi, qui
deviendra le plus inoubliable.

J'ai laissé une grande place à cette
petite Allemande, grande maintenant, en
offrant des extraits des lettres qu'elle
m'a envoyées. Au hasard de sa mémoire,
les souvenirs de Traudi remontent à la

surface et enrichissent la mienne. Mémoires d'humanité ?...

J'ai ajouté quelques informations qui me semblent utiles pour la compréhension de son histoire[1]. Notre histoire... qui est aussi un peu la vôtre, non ?

Kees Vanderheyden

1- En réalité, Traudi venait d'Autriche, État annexé de force par l'Allemagne en 1938, mais redevenu souverain par décision des Alliés en 1945. Un haut fonctionnaire de ce pays, Arthur Seyss-Inquart, fut d'ailleurs nommé par Adolf Hitler Commissaire des Pays-Bas pour toute la durée de l'occupation allemande. Il a été personnellement responsable de l'exécution de 800 Néerlandais.

Chapitre premier

Enfin, une lettre !

Je n'y comptais plus, mais un fonctionnaire lointain cherchait consciencieusement. Dieu soit loué ! Ainsi, début avril 2004, le facteur m'apporte une lettre inoubliable. Sur l'enveloppe, bordée de petits traits rouges et bleus, brille le symbole écarlate de la Croix-Rouge. Mon cœur fait un bond. La lettre vient du service de la recherche de la Croix-Rouge autrichienne. Je n'ose y croire ! Est-ce que j'aurais enfin des nouvelles, après tant d'années de recherches infructueuses ? En tremblant, je déchire l'enveloppe. Le miracle vient de se produire.

Vienne, 22 mars 2004

> Sujet : Berndl Traudi, née
> vers 1940 à Vienne

Monsieur,

Nous avons reçu une demande de dépistage de la part des Archives de la Ville et de la région de Vienne. Nous avons le plaisir de vous annoncer que nous avons pu retracer la personne recherchée, qui nous a autorisés à vous donner son adresse actuelle.

Nous espérons vous avoir été utiles.

Sincèrement vôtre,
Siegfried Schmidt
Service de dépistage

Croix-Rouge autrichienne
A-1041 Wien 4
Wiedner Hauptstr. 32

Monsieur Schmidt, en détective patient, a trouvé « notre » Traudi, la visiteuse surprise qui, trois ans après la fin de la guerre, frappa timidement à notre porte aux Pays-Bas. Loin de sa ville dévastée, loin du froid et de la faim, elle viendra jouer à la poupée, manger à sa faim, faire du vélo et redevenir une enfant. Traudi est une petite Allemande, une fille de l'ennemi.

Je découvrirai, cinquante ans plus tard, qu'elle est l'un des quarante mille enfants allemands, affamés et sans abri, dont les parents ne peuvent s'occuper au lendemain de la défaite de l'Allemagne. Les maisons y sont en ruines, des milliers de familles sont sans père, la nourriture est chère et rare, les emplois inexistants, les gens honteux d'avoir perdu la guerre. Et de s'être conduits en barbares.

Il y a peu de sympathie pour l'Allemagne qui a entraîné tant de pays dans l'horreur et la misère. Les Pays-Bas avaient terriblement souffert de la guerre : la famine, des villes détruites, plus de cent mille morts, l'extermination des citoyens juifs, trois cent mille ouvriers envoyés de force comme esclaves dans les usines et les mines allemandes où des milliers mourront. Le dicton court parmi les Néerlandais en colère : Un bon Allemand est un Allemand mort.

Maman travaille comme bénévole à la Croix-Rouge et a offert d'accueillir un des ces enfants dans notre foyer. Nous sommes six enfants, entre six mois et quinze ans, deux filles et quatre garçons. Je suis l'aîné. Nous habitons à Oisterwijk, une jolie petite ville dotée de lacs et de boisés, dans le sud du pays. Notre maison, au toit de chaume, donne sur une rue ombragée, bordée de grands arbres, tout près d'un boisé de sapins, qui cache un mystérieux cimetière juif. Ce boisé et notre jardin, avec ses petits pommiers et ses groseilliers, constituent nos terrains de jeux. En juin 1944, notre maison a été occupée par des soldats allemands et est devenue, au moment de la libération, en octobre 1944, un hôpital de campagne pour des soldats alliés blessés.

La guerre avec ses misères et ses horreurs est encore vive dans nos mémoires. L'invasion allemande a déferlé sur mon pays au lendemain de ma première communion, le 10 mai 1940. En 1943, la diphtérie nous a arraché mes deux petites sœurs, Troeleke et Elleke. Chaque jour, les bombardiers sillonnaient le ciel en grondant au-dessus de nous, en route vers l'Allemagne. À l'été 1944, après quatre années d'occupation, un général allemand et son état-major ont brutalement réquisitionné notre maison. La guerre a ainsi planté ses bottes dans notre cour. Les *Heil Hitler*[2] et les *Sieg Heil* [3] résonnaient dans la maison. Les Canadiens sont enfin venus nous délivrer de l'occupation allemande, le vendredi 27 octobre 1944.

Trois années plus tard, une voiture s'arrête devant notre villa Gemma, à

2- Salut, Hitler !
3- Victoire, salut !

Oisterwijk. Une femme en uniforme, le symbole de la Croix-Rouge sur son brassard, descend, suivie d'une petite fille aux cheveux noirs. L'enfant porte une valise brune. Un carton attaché à un cordon autour de son cou indique son nom, Traudi Berndl. Elle vient de faire le pénible voyage en train depuis Vienne à travers des villes en ruines pour aboutir devant la porte d'une famille néerlandaise, les Vanderheyden, qu'elle ne connaît pas, mais qui a accepté de l'accueillir pour lui redonner ses couleurs et sa santé.

Ce matin, la maison est silencieuse. Les trois aînés, moi-même, Charlotte et Gabriel, sont pensionnaires et ne reviendront que dans un mois pour la fête de Pâques. Anneke est à l'école du village. Le plus jeune, Charles, est dans son berceau, et son frère Jan, quatre ans, clopine, le pied bandé, car il a renversé un chaudron d'eau bouillante sur son pied.

La représentante de la Croix-Rouge des Pays-Bas sonne.

— Bonjour, Madame. Tel qu'entendu, je vous amène Traudi Berndl, votre visiteuse allemande. Je sais que vous en prendrez bien soin. L'adresse de sa maman est inscrite sur le carton qu'elle porte au cou. À bientôt.

La petite Traudi, timide et inquiète devant cette famille qu'elle ne connaît pas et dont elle ne parle pas la langue, n'ose pas lever les yeux. Elle tient sa petite valise brune qui contient ses vêtements rapiécés. Elle est blême et timide, mais d'un tempérament vif. Traudi aux beaux yeux a huit ans.

La surprise est grande quand nous voyons cette petite qui nous vient du pays de nos anciens occupants et qui parle cette langue rude qui nous a tant choqués. Mais à l'exemple de maman, nous l'accueillons comme un membre de la famille, une autre « petite sœur ». Traudi a le même visage et le même âge que ma petite sœur Troeleke, morte de la diphtérie au milieu de la guerre. Elle me fait penser aux enfants du soldat allemand qui, un jour de l'été 1944, m'avait montré la photo de sa femme et de ses cinq enfants, tous morts sous les bombes des Alliés.

Notre visiteuse reprendra vite ses couleurs, apprendra à se débrouiller en néerlandais et deviendra membre à part entière de notre famille, et bien sûr, de la bande d'enfants. Elle appellera maman : « tante Thérèse », et papa : « oom Cor » (oncle Cornelius). Je ne joue pas avec elle, car j'ai sept ans de plus qu'elle, mais elle est pour moi une petite sœur adoptive. Traudi est enjouée, mais d'un caractère bouillant. Quand elle est frustrée, elle monte à sa chambre, prend sa petite valise et se sauve pour se cacher dans le fossé au bord du chemin. Mon petit frère Jan, né quelques mois avant la libération, qui trouve ces fugues bien amusantes, court l'accompagner au fond du fossé. Puis tout rentre dans l'ordre.

Quand la petite Allemande nous quitte après quatre mois, tel que prévu par la

Croix-Rouge, pour retourner auprès de sa maman à Vienne, nous sommes bien tristes de perdre une petite sœur qui nous a doucement mis sur le chemin de la réconciliation et de la paix.

Grâce à maman et à la mère de la petite Allemande, nous avons fermé, sans le savoir, les chapitres de la guerre pour ouvrir les pages de la paix. Si nous avons toujours des souvenirs pénibles des soldats occupants, les enfants allemands n'en font pas partie. Trois années de suite, Traudi reviendra passer ses vacances d'été chez nous, jusqu'à notre départ pour le Canada en 1954.

La vie au Canada, notre pays d'adoption, me fait oublier pendant des décennies les années de guerre et la petite fille de l'ennemi.

Chapitre 2

Où es-tu,
ma « petite sœur » ?

En feuilletant au Canada les pages de notre album de famille, j'y retrouve pendant un instant Traudi, assise à côté de maman sur la terrasse devant notre maison à Oisterwijk. Je la vois aussi, toute rieuse, avec ma sœur Anneke.

Mais son souvenir demeure fugace jusqu'en 1992, durant la guerre de Bosnie, quarante ans après la visite de Traudi. Dans le *Times,* des photos de garçons bosniaques qui jouent à la guerre avec des fusils de bois me replongent dans mes souvenirs de petit Néerlandais durant l'occupation allemande et la libération par les Canadiens. Encore aujourd'hui, les enfants trouvent le goût et le temps de jouer, malgré les drames qui déchirent leur vie. J'ai l'impression que mon histoire de 1940 se répète ailleurs en 1992.

Je décide de confier mes souvenirs de guerre à mes filles. Je me mets à écrire. Les feuilles s'empilent et, petit à petit, les personnes et les événements déboulent et j'enfile une trentaine de souvenirs. C'est alors que l'image de Traudi me revient en force. Elle n'est pas associée à la guerre, mais à la paix retrouvée. Je devine que ma mère et la maman de la petite ont dû se faire confiance et nous ont permis de bâtir une passerelle entre deux pays ennemis. En 1992, la venue chez nous de la fille de l'ennemi me secoue plus qu'en 1948. Je me rends compte que je sais très peu de choses sur elle. D'où venait-elle ? Qu'est-ce qu'elle a vécu durant les années de guerre et d'après-guerre ? Quels souvenirs a-t-elle de sa visite chez nous ?

Je veux, je dois retrouver Traudi. Je ne sais pas vraiment pourquoi. Est-ce pour lui dire qu'elle est toujours ma petite sœur adoptive, pour comprendre comment on peut faire la paix entre enfants, pour célébrer le triomphe de la compassion sur la rancœur ? Je ne sais pas pourquoi elle me hante, mais sur les photos, elle me fait des clins d'œil. Je dois la retrouver. Je ne connais malheureusement que son prénom. J'ignore son nom de famille et la ville ou le village d'où elle vient. Il doit y avoir des centaines de Traudi en Allemagne.

Maman âgée de 87 ans a la mémoire incertaine. Elle me dit qu'elle croit que Traudi venait de Munich en Bavière, mais elle n'en est pas sûre. En 1995, je lance une première invitation à la Croix-Rouge néerlandaise pour voir s'il y a des archives sur ces trains de nez pâles, sobriquet qu'on donnait à ces enfants sous-alimentés. On me répond gentiment qu'ils ont un kilomètre de dossiers à éplucher et que je suis le bienvenu pour y fouiller.

La Croix-Rouge allemande me répond à son tour qu'elle ne peut pas m'aider non plus. Je déniche un poste de radio néerlandais qui diffuse une émission de retrouvailles. J'appelle au secours. Non, l'émission de retrouvailles ne s'intéresse qu'au territoire néerlandais. Un groupe d'universitaires allemands à la retraite qui font des recherches sur la guerre offre de m'aider, mais leur exploration ne mène nulle part.

D'un musée de la guerre aux Pays-Bas, je reçois un article paru dans un quotidien néerlandais, *De Gelderlander*, qui m'apprend une nouvelle incroyable. Après la guerre, quarante mille familles néerlandaises ont accueilli de petits Autrichiens, Berlinois et Hongrois pour leur offrir la santé et un peu de vie familiale. Mais le journaliste ne trouve plus de traces de ces accueils de compassion.

Toutes les avenues de ma recherche pour trouver la petite Traudi aboutissent à des culs-de-sac, mais je sais maintenant qu'elle n'était pas seule et que cinq ans de guerre n'ont pas complètement fermé les cœurs.

En 2000, maman meurt. Je trouve dans son petit coffre-fort une photo de Traudi en première communiante. Elle sourit, dans sa robe blanche, une couronne de fleurs sur la tête. La ressemblance avec ma petite sœur Troeleke est frappante. Au verso de l'image, la maman de Traudi a écrit : En souvenir de votre Traudi. Puis maman a scribouillé au crayon Traudi et son nom de famille, difficile à déchiffrer. Mais il y aussi l'estampe de l'adresse du photographe. Il habite Vienne. L'espoir de la retrouver revient.

Enfin, deux indices précieux. Traudi est probablement Autrichienne et elle n'habitait sûrement pas loin de Vienne. Je fouille sur Internet pour trouver de l'information sur des enfants autrichiens qui seraient allés aux Pays-Bas après la guerre. J'y déniche un paragraphe sur un premier train de deux cent cinquante enfants autrichiens qui, en 1948, ont quitté Vienne pour les Pays-Bas. Peut-être que Traudi était dans ce train. Une artiste viennoise, de passage dans ma ville, offre de chercher pour moi. Elle m'envoie plus tard un courriel pour me dire qu'elle n'a pas réussi.

Je ne lâche pas prise et j'envoie un courriel aux autorités de la Ville de Vienne, les suppliant de m'aider à trouver une certaine Traudi avec ce qui semble être son nom de famille et qui a vécu avec nous après la guerre. Pas de réponse. Ma dernière tentative auprès de la Ville de Vienne semble avoir débouché sur le même cul-de-sac que mes autres recherches. Je crains de ne jamais retrouver Traudi.

Puis m'arrive cette fameuse lettre de la Croix-Rouge autrichienne. Je la lis, je la relis. Je suis tellement ému en parcourant le court message que je ne réussis pas à en parler sans que ma voix s'étrangle. J'ai trouvé la petite fille de l'ennemi, ma « petite sœur » Traudi.

Chapitre 3

Chère Traudi...

Toutefois, le plus délicat reste à venir. Si je lui écris, est-ce qu'elle acceptera de parler de ces années d'après-guerre ? Je décide de faire appel à l'artiste viennoise qui m'avait offert ses services et je lui demande dans un courriel de donner un coup de fil à Traudi. Elle me répond aussitôt que Traudi a hâte d'avoir une lettre de moi, mais qu'elle ne parle que l'allemand. C'est un petit pépin. Il me faut maintenant trouver un traducteur, car mon allemand appris jadis au collège suffit pour la lecture, mais est insuffisant pour la rédaction.

Heureusement qu'aux moments décisifs, le sort fait parfois un clin d'œil. C'est mon cas. Je trouve mon traducteur en la personne du père d'une collègue, d'origine allemande. Il s'appelle Horst et se dit enchanté de m'aider.

Je tricote soigneusement ma première lettre, coiffée de *Liebe Traudi* (Chère Traudi). Je n'ose pas la tutoyer.

Mont-Saint-Hilaire, 12 avril 2004

Chère Traudi,

Le temps a filé si vite. Il y a déjà bientôt soixante ans que nous nous sommes vus dans notre maison à Oisterwijk, aux Pays-Bas. Je vous ai cherchée pendant de longues années, car je voulais reprendre contact avec la petite fille autrichienne que nous avions accueillie chez nous à Oisterwijk, quelque temps après la Seconde Guerre mondiale.

Mais je n'avais pas de succès. Finalement, l'adresse imprimée sur une de vos photos (celle de votre première communion) m'a permis de savoir que vous étiez de Vienne. Alors, voici un petit miracle : il y deux jours, j'ai enfin reçu votre adresse grâce à la Croix-Rouge autrichienne...

J'ai écrit mes souvenirs d'enfant durant la Seconde Guerre mondiale dans un petit livre, *La Guerre dans ma cour*. Vous, Traudi, y avez une place importante, comme la petite Autrichienne qui nous a montré à nous, enfants, sans le savoir, le chemin de la paix.

J'ai hâte d'avoir de vos nouvelles. Je vous embrasse.

Kees Vanderheyden

Trois semaines plus tard, au début de mai 2004, je reçois sa première lettre en allemand, d'une écriture serrée et appliquée comme celle d'une écolière. Traudi a décidé de me tutoyer. Bon signe.

Vienne, 15 avril 2004

Cher, cher Kees (*Liebe, Liebe Kees*),

C'est avec une grande joie que j'ai reçu ta lettre... Comme ta petite sœur, puis-je dire tu ? J'ai reçu le 17 mars 2004 la lettre d'enquête de la Croix-Rouge me demandant si j'étais la Traudi Berndl. C'est exactement cinquante-six ans après mon départ pour les Pays-Bas, le 18 mars 1948. J'ai pleuré de bonheur, d'entendre de nouveau des nouvelles de la famille dont j'ai de si beaux souvenirs d'enfance. Après cinquante-six ans, une si longue attente !... En 1950, j'étais retournée aux Pays-Bas. J'ai encore la photo où je suis assise sur la terrasse devant votre maison, la villa Gemma. Ta maman, « tante Thérèse », était pour moi comme une mère. J'ai souvent pensé à tout le monde. Je vous ai tous beaucoup aimés.

Jamais personne ne m'a laissée sentir que j'étais une enfant de l'ennemi. D'ailleurs comme enfant, on ne pense pas ça.

Excuse mon écriture si laide, je ne suis pas habituée à écrire. Je n'ai pas Internet. Je me réjouis déjà de ta réponse.

Je t'embrasse, et maman te salue.

Traudi

Je lui expédie aussitôt ma deuxième lettre, *Liebe Traudi*, traduite dans une langue impeccable, par Horst, mon ami allemand.

5 mai 2004

Très chère Traudi,

Il y a quelques jours, j'ai reçu ta première lettre. Quel bonheur de voir cette enveloppe, avec sa bordure bleue et rouge, venant d'Autriche ! J'espère que ça ne te gêne pas que je t'envoie des lettres imprimées. Mon écriture manuelle est affreuse. Les derniers mots de ta lettre m'ont particulièrement touché, car tu m'envoies les salutations de ta maman qui est toujours bien vivante. Elle est 10 ans plus jeune que « tante Thérèse ».

Tu sembles avoir eu la vie plus difficile que nous ici. Chère Traudi, en fin de compte, ce qui est le plus précieux, ce n'est pas notre carrière ou notre fortune, mais l'affection que nous donnons et recevons. Tu sais que des milliers d'enfants canadiens te connaissent, car quand je les rencontre (et j'en ai vu au moins neuf mille jusqu'ici) pour leur parler de mes souvenirs d'enfant durant la Seconde Guerre mondiale, je leur conte toujours avec émotion et plaisir la venue de la petite Traudi d'Autriche qui, en devenant notre petite sœur pendant quelques mois, nous a aidés à nous réconcilier avec le pays de nos anciens ennemis.

Les enfants (et moi aussi) voulons tous en savoir plus sur toi. D'où venait Traudi, comment a-t-elle vécu la guerre en Autriche ? Qui étaient son papa et sa maman ? A-t-elle appris à parler le néerlandais ? Moi aussi, chère Traudi, j'ai bien des questions que j'aimerais te poser, ou poser à ta maman. Te rappelles-tu ton voyage en train, en 1948, à destination des Pays-Bas ? Comment était l'accueil là-bas ? Avais-tu des amis dans le train ? Votre maison a-t-elle été touchée par la guerre ? Où était ton papa ? As-tu des souvenirs de Oisterwijk et de notre maison « Gemma » ?

Je montre toujours aux enfants la photo de ta première communion avec ta couronne de fleurs. Tout le monde s'écrie alors « Qu'elle est belle, Traudi ! ». Oui, tu es belle pour moi et ton souvenir m'est précieux.

Ici, c'est le printemps. Nos cinq chats sont couchés au soleil. L'herbe commence à verdir et les oiseaux chantent. Chère Traudi, j'ai hâte d'avoir de tes nouvelles. Je vous embrasse, toi et ta maman.

Kees

Chapitre 4

Le jour où Traudi frappa à notre porte

Vienne, 21 mai 2004

Cher Kees et la famille,

C'est avec une grande joie que j'ai reçu ta lettre : j'en ai pleuré de bonheur... Durant la guerre, nous habitions chez mon grand-père dans une toute, toute petite maison. Notre demeure consistait en une cuisine et une chambre (26 mètres carrés) pour quatre personnes : papa, maman, mon frère Franz et moi. Ma maman avait peu de chances de travailler.

Tu veux savoir, cher Kees, comment s'est déroulé mon premier voyage en train vers votre ville, Oisterwijk. C'est le curé de la paroisse où j'allais à l'église qui a établi le contact avec la Croix-Rouge en vue de mon hébergement aux Pays-Bas. On choisissait les enfants les plus pauvres pour ça.

Du voyage en train, je ne me rappelle que les enfants. Il y avait une fille de notre quartier d'Inzerdorf où j'habitais chez grand-père, mais je ne l'ai pas vue dans le train. Elle s'appelait Trude Täubler.

Une jeune femme est entrée dans mon wagon et m'a dit de ne parler à personne. Derrière moi, elle a caché un colis, dont j'ignorais le contenu. Nous, les enfants, nous avions peur. Puis des hommes sont arrivés pour inspecter notre compartiment, mais Dieu merci, ils n'ont rien demandé et sont repartis.

C'est la Croix-Rouge qui m'a accueillie aux Pays-Bas. Pour nous les enfants, c'était pas mal mieux que chez nous durant la guerre. Plus de peur ni de faim. Et des gens gentils comme ta famille. On nous a transportés de la gare en voiture vers la ville de Tilburg, je crois, où on est venu nous chercher. Ensuite, il y eut un arrêt dans une grande salle, peut-être une école. On nous a pesés.

Ensuite, nous sommes repartis, cinq enfants dans une voiture. J'étais la dernière. On se questionnait : D'où est-ce que tu viens ? Qui sont ces gens ?

Tard dans l'après-midi, je suis arrivée à votre maison à Oisterwijk. Mia, la gardienne des enfants, m'a accueillie et m'a donné un verre de jus d'orange et un biscuit, nous n'en avions pas chez nous. Puis tante Thérèse a descendu l'escalier. Elle portait un ensemble noir avec une ceinture en métal doré ; pour moi, c'était de l'or. Une belle coiffure. Cette vision de la première rencontre m'est toujours restée. J'étais envoûtée. Quelle femme élégante !

Elle m'a demandé comment avait été mon voyage en train, si j'avais faim. J'ai répondu que non. Ensuite nous sommes allées dans la salle de bains. Tout m'était tellement inconnu. Tout était si grand, si beau. Ce qui m'a d'abord frappée, c'est le savon. Aujourd'hui, je reconnais encore son arôme. C'était du savon Lux. Son parfum me revient encore quand je me souviens des Pays-Bas.

Ensuite, je me rappelle toute cette bonne nourriture. Puis pas de tension comme chez nous. Le plus important, pour moi, était la sécurité et l'amour de la famille, avec tante, oncle et toutes tes sœurs. Je n'osais pas prendre ton petit frère Charles dans mes bras, c'était un bébé si mignon. Ta famille m'a donné beaucoup de bonheur.

À Pâques, il y avait chez vous, cachés partout, plein d'œufs en chocolat. Nous, les enfants, cherchions partout. Je me forçais, car chez nous on ne connaissait pas le chocolat. Seuls les riches pouvaient se le payer. Un ouvrier gagnait à Vienne 180 schillings[4] par semaine et un kilogramme de gras de porc coûtait, au marché noir, 700 schillings. La vie était dure chez nous.

Je t'embrasse et maman te salue.

Traudi

Dans une autre lettre, Traudi a évoqué quelques drames quotidiens durant les années de guerre en Autriche entre 1942 et 1945.

4- Unité monétaire d'Autriche.

14 février 2005

Cher Kees,

Durant la guerre, nous écoutions la radio en secret, car c'était défendu. Nous devions aussi tout obscurcir le soir à cause des attaques aériennes. Un jour, nous étions dans un abri contre les bombes et ensuite, dans un autre. On avait toujours l'impression que c'était mieux ailleurs. Comme provisions, nous avions un petit gobelet avec du gruau, et aussi beaucoup d'eau. Maman était très nerveuse, mais elle s'occupait toujours de nous. Je n'avais que cinq ans, mais même enfant, je ressentais tout ça, même si je ne parlais pas.

Mon arrière-grand-père, qui avait alors soixante-huit ans, nous faisait peur à nous, les enfants. Sa maison était à côté de celle de mon grand-père. C'était un lieu d'horreurs. Quand nous partions trop tard, après l'alerte d'une attaque des bombardiers, nous allions dans son abri, un trou lugubre près d'une banque. Nous étions cinq ou six enfants et des adultes. Mon arrière-grand-père fumait sans arrêt une longue pipe. L'air était empesté, mais ça ne lui faisait rien, moi non plus. Mais son bavardage était épouvantable. À peine étions-nous à l'abri que les bombes se mettaient à pleuvoir. Sa pipe tremblait, il était effrayé. Maman et grand-père le rassuraient, mais il ressentait une frayeur terrible.

Ensuite, je suis allée deux mois à l'hôpital. J'ai eu une attaque. On m'a enveloppé toute la tête, sauf les yeux, le nez et la bouche. Quand maman me quittait après la visite, je pleurais, je criais.

La vie alors n'était pas simple pour maman. Papa était au front. Il a subi une blessure très grave, une balle dans la main. On l'a transporté par avion à l'hôpital. Il avait de la fièvre. En délirant, il parlait à ses filles, il me croyait encore à l'âge de quatorze jours, mais j'avais deux ans. Il était subitement devenu un étranger pour moi. Il croyait que j'étais heureuse de le voir et s'écriait : papa est là ! Mais j'avais peur de lui et je pleurais. C'est ce qu'on m'a raconté plus tard.

Papa a parlé de cet événement pendant toute sa vie. Cela lui avait fait bien de la peine. J'étais son trésor. Assise sur ses genoux, je lui racontais toujours tout. Plus tard, je lui coupais les cheveux, il me faisait des tresses. C'était si doux.

Bises

Traudi

Chapitre 5

Mes souvenirs pour Traudi

15 juillet 2005

Chère Traudi,

J'aimerais te parler de la guerre comme je l'ai vécue et des soldats allemands qui nous ont occupés pendant près de cinq ans. Ces souvenirs d'enfance donnent tout leur sens à ta visite chez nous, en 1948, et à nos retrouvailles aujourd'hui.

Si je raconte tout ça, ce n'est pas pour t'impressionner ou te mettre mal à l'aise, mais pour te faire comprendre la joie de te connaître et l'espoir que nos retrouvailles donnent à ceux qui cherchent la paix, après des drames déchirants. Voici donc, ma chère « petite sœur », quelques souvenirs d'enfance de mai 1940 à... 1948.

Durant les cinq années de guerre, notre misère quotidienne était faite de crainte de l'occupant et de privations. Les Allemands avaient envoyé toute la bonne nourriture dans leur pays. Adieu, cochon, vache, poulets, fromage et lait ! L'armoire de notre cuisine était presque vide. Plus de beau pain blanc, de pâtisseries, de biscuits, de bonbons, plus de beurre ni de sucre. Rarement, de la viande ou des œufs. Tout était rationné. En faisant ses courses, maman devait apporter des feuilles de timbres pour le pain, la viande, le charbon. Pas de timbres, pas de nourriture. Au petit déjeuner, nous mangions du gruau à l'eau sans sucre. Je ne veux plus manger de gruau. Les rares fois que nous mangions de la viande et des œufs, c'était une fête. Heureusement que nous gardions quelques poules au fond du jardin.

En 1943, la guerre nous a apporté la mort pour la première fois. La diphtérie, une horrible maladie contagieuse, a touché notre foyer : maman, mes sœurs Charlotte, Anneke et Troeleke l'ont attrapée. Charlotte et Anneke ont été hospitalisées, mais Troeleke, la plus jeune, demeurait au lit dans sa chambre. Un matin où papa lui apportait un chocolat chaud, il l'a trouvée morte dans son lit. Jamais je n'oublierai les pleurs et les cris déchirants de maman. Papa tentait en vain de la consoler. Nous, les enfants, nous nous sentions tristes et perdus. On a placé le cercueil de Troeleke au milieu de sa chambre. Elle était blanche comme neige dans une longue robe immaculée et une couronne de fleurs sur ses cheveux noirs. Ses petites dents de lapin brillaient à la lumière des bougies.

Un mois plus tard, maman a accouché d'une petite fille, Elleke. Elle était notre consolation. Hélas, la diphtérie l'a tuée aussi, à peine deux mois après sa naissance. Je vois encore un monsieur en noir qui portait sous son bras le minuscule cercueil blanc de notre petite Elleke. On a planté une deuxième petite croix blanche au cimetière de la paroisse.

C'est à l'été 1944 que la guerre a pris une tournure dramatique, le jour où les soldats allemands ont envahi notre maison. Papa avait cloué une affiche *Diphtérie Danger* sur la porte, pour éloigner les Allemands. Son plan n'a pas marché. J'entends encore les coups de poing de l'officier allemand sur la porte. *Öffnen !* (Ouvrez !). Il avait arraché l'affiche. Puis nous entendions le claquement brutal de ses bottes cloutées dans les chambres. Papa, inquiet, le suivait. « Un général prend votre maison. Nous vous laissons deux chambres à coucher pour vous et vos enfants. Vous pourrez vous servir de la cuisine quand nous n'en aurons pas besoin. Le reste est interdit. Le garage est à nous aussi. *Heil Hitler !* », dit-il avant de partir. Notre maison résonnerait désormais des *Achtung*[5] ! et des *Heil Hitler !*

5- Attention !

La gare de Venlo aux Pays-Bas avec les enfants des *Kinderzug* (trains pour enfants) en 1948. Près de 30 000 enfants allemands purent passer quelques mois de paix et d'abondance.

La maison des Vanderheyden à Oisterwijk (photo de 2004) semblait un palais pour la petite Viennoise qui venait d'une ville en ruines.

Maman Vanderheyden avec Traudi à ses côtés et d'autres membres de la petite famille.

Traudi et bébé Charles. Jan est à ses côtés.

Monsieur (oncle Cor) et Madame (tante Thérèse) Vanderheyden

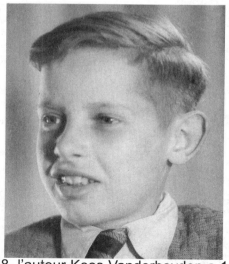

En 1948, l'auteur Kees Vanderheyden a 15 ans.

Les élèves de l'école Marguerite-Bourgeoys à Montréal, en 2005, qui ont écrit et dessiné soixante-deux cartes pour Traudi.

Quelques heures plus tard, un général et ses officiers ont envahi notre maison et nous ont tassés. Des véhicules de l'armée occupaient l'allée du jardin et la voiture amphibie grise du général trônait sous le châtaignier derrière la cuisine. Nous n'avions que la cuisine, qu'il fallait partager avec le cuisinier du général et nous ne pouvions monter dormir qu'après le coucher du soleil. Voilà comment la guerre a envahi notre cour.

Mais ma chère Traudi, la guerre avait beau avoir envahi ma cour, la vie quotidienne avec ces soldats ennemis a complètement mêlé mes cartes. Avant leur occupation de la maison, tout était clair et simple. Pour moi, comme pour tout le monde, il y avait deux camps. Les bons se trouvaient d'un côté, c'est-à-dire mes parents et les Tommies[6]. De l'autre côté, on campait les méchants, ces soldats allemands

6- Surnom plutôt sympathique que nous donnions aux soldats britanniques et autres Alliés.

63

brutaux et terrifiants. Les Allemands étaient des monstres qu'il fallait chasser et détruire. Ils nous surveillaient, nous empêchaient de sortir le soir, nous défendaient d'écouter les nouvelles, de sortir notre drapeau, ils volaient nos bicyclettes, envoyaient la bonne nourriture en Allemagne. Surtout, ils nous avaient volé notre pays et notre liberté.

Mais je me rendais compte que le général et sa troupe chez nous n'étaient pas les monstres que je m'imaginais. À commencer par le général qui me faisait des clins d'œil quand je le croisais. Je me détournais évidemment fièrement. Puis le cuisinier du général nous laissait parfois discrètement un beau morceau de viande ou un paquet de beurre sur la table de la cuisine. C'était quand même gentil de la part d'un méchant. Un des soldats allemands avait aidé ma sœur Charlotte à chauffer le lait pour bébé Jan qui venait de naître : « Laisse-moi t'aider, j'ai des enfants, moi aussi, chez moi en Allemagne ».

Le choc a été la rencontre avec un des soldats qui occupaient notre maison. Un matin, mon ami Léo et moi, assis sur la terrasse devant la maison, comptions les escadrilles de bombardiers américains et britanniques qui traversaient le ciel en route vers l'Allemagne. C'était pour nous un moment de fierté patriotique. « Bravo, ces Tommies vont écraser les usines et l'armée allemandes. »

À l'autre bout de la terrasse, un soldat allemand regardait aussi les avions. Soudain, il nous a ordonné « *Hier !* Ici ! ». Il nous a alors montré une photo froissée. Nous y voyions un papa, une maman et cinq enfants, tout souriants devant une maison. Le soldat pointait vers le papa sur la photo et nous faisait comprendre que c'était lui. J'étais surpris. Quoi ? Ces soldats pouvaient être des papas et avoir des enfants ? Puis les larmes aux yeux, le soldat nous a fait comprendre que les bombes des avions là-haut dans le ciel avaient tué sa femme et ses enfants. « *Kaputt. Ganz Kaputt !* Fini, morts ! » avait-il crié, la voix étranglée.

Confus et bouleversés, Léo et moi, nous nous sommes sauvés à toutes jambes.

Depuis ce matin-là, les soldats allemands dans notre maison devenaient des papas qui se cachaient derrière des masques de soldats. C'était ça, la guerre ? Des papas habillés en soldats qui se battaient avec d'autres papas et qui jetaient des bombes sur des usines, mais aussi sur des familles ?

À partir de ce fameux matin, la guerre n'était plus un grand jeu terrible et excitant entre de bons soldats et des monstres. Je me mis à rêver au jour où les Tommies viendraient mettre fin à cette triste guerre.

Or, voilà qu'un bon matin d'octobre 1944, pendant que nous mangions notre affreux gruau matinal et que nous entendions le grondement des canons des Tommies au loin, le général est subitement entré dans la cuisine : « *Sieg Heil !* Victoire. Salut ! », dit-il en levant le bras. Il avait prononcé les mots magiques : « *Auf Wieder-sehen ! Au revoir !* »

— Je n'espère pas, avait osé dire maman.

Le général avait répondu avec un petit sourire triste :

— Vos amis s'en viennent, en montrant dans la direction du tonnerre des canons.

Puis il était parti dans sa belle voiture, suivi de ses soldats qui avaient jeté leurs bagages dans leurs charrettes et avaient pris le chemin du village. Entre-temps, un flot sans fin de soldats allemands en déroute passait sur le chemin devant la maison. Enfin ! La cuisine, nos chambres à coucher, le salon, la salle de jeu étaient de nouveau à nous. Nous avions sorti les seaux et les brosses pour nettoyer la maison de fond en comble et effacer tout souvenir de l'ennemi.

L'arrivée des Alliés ne s'est pas déroulée selon mes rêves d'enfant avec drapeaux et fêtes. D'abord, ils nous ont surpris durant l'heure de notre dîner avec leurs transporteurs de troupes blindés, marqués d'une étoile. En vitesse, nous nous sommes levés de table pour leur souhaiter la bienvenue, mais ils nous ont ordonné de nous mettre à l'abri dans la cave pour nous protéger contre les explosions, car les Allemands les attendaient.

En fin d'après-midi, un certain calme s'est installé et un soldat ami a frappé à la porte de la cave en nous signalant que nous pouvions sortir pour prendre l'air. Enfin ! Pour moi, le moment des rencontres amicales et joyeuses avec nos Tommies était arrivé. Je me suis précipité dans le jardin devant la maison, car c'est là que l'action semblait la plus intense. Il y avait des soldats partout. La route était encombrée de camions, de motos et de blindés. L'air était bleu de la fumée de diesel. Que la liberté sentait bon ! À mon étonnement, j'ai alors aperçu dans l'allée du jardin un camion marqué d'une Croix-Rouge. Je suis allé voir papa qui m'a expliqué que les soldats lui avaient demandé s'ils pouvaient se servir de notre maison comme hôpital de campagne. Papa leur avait tout de suite offert notre grand salon, qui était maintenant bondé de médecins et de blessés. Mais, à mon grand chagrin, papa m'avait interdit d'y entrer.

À la fois curieux et plein de sympathie pour nos amis blessés, j'ai quand même voulu en saluer au moins un. Je me suis donc discrètement installé près de la grande porte du salon sur la terrasse devant la maison, dans l'espoir que les infirmiers y amènent un blessé. Je n'ai attendu que quelques minutes avant qu'une jeep arrive avec deux infirmiers et un homme blessé étendu sur une civière. Au moment où ils montaient sur la terrasse, je me suis tourné vers le blessé pour lui faire un sourire. J'étais horrifié. Jamais je n'oublierai le spectacle. Je ne pouvais pas saluer le pauvre blessé, car il n'avait plus de visage. Je ne voyais qu'une masse de chair déchiquetée couverte de sang.

J'entendais un faible gémissement. Plus tard, j'ai aperçu sur le gazon devant la maison un casque canadien abandonné, troué, éclaboussé de chairs humaines. J'avais envie de vomir. L'horreur de ce carnage a chassé toute ma joie naïve devant l'arrivée des libérateurs. Je ne m'attendais pas à ce que la victoire de nos Alliés sur les Allemands serait accompagnée d'une horrible boucherie.

Une fois les Allemands chassés du village par les Alliés et le danger des obus écarté, nous sommes sortis de la maison pour visiter le voisinage et prendre l'air. Quel triste spectacle ! Dans les champs près de notre maison gisaient de pauvres vaches tuées par les balles et les obus. Elles n'avaient pas d'endroits pour se cacher. Les vaches mortes étaient gonflées comme des ballons. Elles ressemblaient à d'étranges poupées avec des pattes raides qui pointaient vers le ciel. C'était à la fois comique et bien triste. La guerre tuait amis et ennemis, humains et animaux.

Parlons maintenant de la paix tant désirée. En mai 1945, après un hiver de misère noire pour les Néerlandais du nord, qui souffraient de la famine, et un printemps de dures batailles en Allemagne, les Alliés ont enfin vaincu l'armée allemande et la paix est arrivée. Les cloches des églises nous annonçaient la bonne nouvelle et nous avons chanté et dansé de joie.

Puis nous nous sommes mis à préparer les fêtes de la paix. Avec du linge, du papier crêpé et du carton, maman a fabriqué pour nos amis et nous des costumes de parade. Elle accrochait au mur les beaux habits de princes, de paysans et de paysannes et d'Indiens. Nous avons fait un grand défilé bigarré dans les rues d'Oisterwijk, aux applaudissements des soldats canadiens et les hourras des gens. Après le défilé, nous nous sommes rendus à la Kapelleke, la petite chapelle dédiée à la Vierge Marie, près de chez nous, pour y déposer un grand carton de remerciement avec tous nos noms écrits au verso.

Mais au cours du pique-nique qui couronnait la fête, nous avons appris, avec consternation, que des gens du village avaient organisé, avant nous, un bien étrange et lugubre défilé. Ils avaient promené sur des charrettes tirées par des chevaux, des femmes, la tête rasée et peinte en rouge, qui étaient sorties avec les soldats allemands durant l'occupation. Les gens les avaient huées et avaient craché sur elles. Entre enfants, nous n'étions pas du tout d'accord avec cette idée bien triste. Était-ce ça, la paix ?

Puis est arrivé un événement merveilleux ! Trois années plus tard, en cette fin d'après-midi du 18 mars 1948, au moment où la vie revenait lentement à la normale au pays, une personne de la Croix-Rouge a frappé à notre porte et nous a confié une enfant allemande du nom de Traudi.

Chère Traudi, c'est toi la petite voyageuse allemande. Tu t'imagines bien que la surprise était grande quand nous avons aperçu cette petite qui nous venait du pays de nos ennemis d'hier et qui parlait la langue qui nous avait tant choqués.

Nous t'avons accueillie comme notre petite sœur. Quand tu nous as quittés après quatre mois, nous étions bien tristes de perdre une petite sœur qui nous avait doucement mis sur le chemin de la réconciliation et de la paix.

Grâce à notre maman et à la tienne, nous avons fermé, sans le savoir, les chapitres de la guerre pour ouvrir les pages de la paix.

Bises

Kees

Chapitre 6

1945, la fuite
vers le Tyrol

Vienne, 15 septembre 2004

Cher Kees,

Le 2 avril 1945, un vendredi je crois, maman, mon frère Franz et moi, sommes partis en autocar à destination de Vorarlberg, dans le Tyrol[7]. Le froid était constant et la faim sans fin, mais le pire, c'était la peur.

7- Ancienne province de l'empire austro-hongrois, dans le sud près de la Suisse.

Maman voulait quitter Vienne où nous habitions chez grand-papa dans sa petite maison. Avant notre fuite, des femmes furent violées, des enfants assassinés. Maman voulait s'enfuir. Nous voyagions en autocar de Vienne à Voralberg et ensuite en train.

C'est en route que nous avons soudainement aperçu des traces de vapeur dans le ciel. Nous entendions des vrombissements d'avions. Était-ce l'ami ou l'ennemi là-haut ? C'était terrifiant. Soudainement, on criait : tout le monde dehors ! Une attaque aérienne ! Nous nous sommes précipités vers la forêt, mais il n'y avait presque pas d'arbres. Je croyais que j'allais mourir. Je priais le Bon Dieu. « Rendez-moi pieuse, alors je pourrai aller au ciel. » Les avions ont bombardé le train et ceux qui ne réussissaient pas à courir assez vite ont été tués.

Nous avons continué notre fuite et nous sommes enfin arrivés à Lindau, au Tyrol. Nous avons d'abord habité dans une maison privée avec une femme et sa fille, qui s'étaient aussi enfuies de Vienne. Il y avait toujours de la dispute sur la question de savoir qui aurait le plus gros morceau de pain.

Ensuite, nous avons été logés dans un camp, une école. Quel temps de misère ! Peu de nourriture. Nous devions aller chercher notre portion de subsistance dans une cruche à lait. Souvent il n'y avait plus rien. Dans la file d'attente, les adultes nous repoussaient, nous, les enfants. Nous n'avions donc pas grand-chose à manger. Mon frère, maman et moi travaillions souvent dans la cuisine.

La plupart du temps, nous allions fouiller dans les déchets au dépotoir, mais les légumes étaient souvent pourris.

On en coupait des morceaux comestibles. Les fermiers étaient fâchés et nous chassaient, en criant que nous étions des voleurs, ces déchets étaient destinés aux animaux.

Avec Franz, j'allais quêter. Une jeune femme m'a donné du lait, une autre fois de grosses pommes de terre. J'en étais très fière et je les apportais à maman dans le camp. Une fois, nous avons même eu un petit morceau de chocolat, quelque chose que je n'avais pas goûté depuis longtemps.

Nous dormions à l'école avec des étrangers, des réfugiés comme nous, dans des lits collés les uns sur les autres.

Une nuit, nous avons entendu des cris : « Au secours, au secours ! » Un soldat était entré pour voler. Une vieille grand-maman s'est réveillée et a hurlé. Le soldat, une brute, lui a tranché la gorge et lui a arraché tous ses vêtements. Elle gisait là, morte et toute nue.

J'ai su aussi que des mamans offraient leurs filles de quatorze ans aux soldats marocains. Mais je ne savais pas que ce n'était pas bien, car je n'avais que cinq ans.

Que d'événements pour une enfant de cet âge ! En m'en souvenant, j'ai pleuré, car ces souvenirs sont encore très vifs. Je ne m'habituerai jamais. Ça me fait mal. Pendant des années, j'ai eu des cauchemars. Est-ce que tout ça était vrai ?

Dans la ville étaient stationnés des soldats marocains. Pendant que maman, Franz et moi nous nous promenions, nous avons rencontré des prisonniers de guerre allemands. Un des prisonniers se dirigeait vers une petite fontaine pour boire de l'eau. Il reçut un coup de fouet pour cela.

Des gens donnaient des cigarettes aux prisonniers. De nouveau, ils recevaient des coups de fouet dans le dos. Selon les gens qui observaient la scène, les gardiens étaient des Français.

Je n'oublierai jamais une scène, comme toi, tu n'oublieras jamais le souvenir du soldat canadien chez toi qui a eu le visage arraché par un éclat d'obus. Dans ce groupe de prisonniers, il y avait un homme assis dans une charrette à charbon. Il avait perdu les deux bras et il rongeait le revers de son uniforme tellement il avait faim. Maman avait apporté pour nous une tartine au fromage. Nous retournions au camp quand j'ai dit à maman que je n'avais pas faim. C'était un mensonge, car j'avais faim. Je voulais donner ma tartine au pauvre homme. Alors, mon frère Franz est retourné pour lui apporter ma tartine.

Quelque temps plus tard, il est revenu sans la tartine. Comme je connais maintenant mon frère, il l'avait mangée. Une fois, nous sommes allés quêter ensemble chez un fermier. Franz est allé seul à la ferme pendant que j'attendais dehors. Il tardait à revenir. J'étais inquiète pour lui. Là, il est revenu après une longue attente. Pour moi, c'était très long. Il me disait qu'il avait eu un bon repas du midi, mais il ne m'avait rien apporté. Je n'ai jamais oublié ça. J'avais faim, là, dehors, et il ne m'avait rien rapporté. Je l'ai quand même bien aimé.

Plus tard, à la maison, pendant toutes ces années de pénurie, je lui donnais toujours de ma nourriture. Il mangeait beaucoup. Il n'en avait jamais assez.

Bises

Traudi

Chapitre 7

Avril 1945, les Russes s'en viennent !

« Les Russes s'en viennent ! ». Ce cri d'alarme secoua l'Autriche et en particulier la ville de Vienne, au début d'avril 1945. La propagande nazie décrivait les armées soviétiques comme une meute de brutes, saisies d'un vif désir de vengeance sauvage contre les Allemands, dont les armées avaient semé la mort, la misère et la dévastation en URSS. L'arrivée des armées soviétiques était accompagnée, disait-on, de tueries, de pillage et de viols.

Les gens qui habitaient encore les villes éventrées par les bombardements incessants des avions alliés espéraient fuir les Soviétiques et trouver un sort moins cruel entre les mains des soldats britanniques et des Américains qui s'en venaient à l'ouest.

Ainsi, dès le mois d'avril, une cohue humaine, traînant des femmes, des enfants et des vieillards, se mit en route en direction du Tyrol, en train, en autocar, en voiture, en charrette et à pied. Pour cette foule affamée, affolée, les Alpes tyroliennes ne promettaient pas le paradis idyllique de lacs et de montagnes, une région peu touchée par la guerre, mais un refuge contre la rage des Soviétiques. Là-bas, ils seraient à l'étroit, mais loin des hurlements des sirènes, des explosions des bombes, des nuits de frayeur dans les caves des maisons, de la crainte d'être enterrés vivants sous les décombres, loin des incendies, de l'odeur de cadavres en décomposition et de l'éternelle couche de fumée âcre qui couvrait les villes.

Si la souffrance de ces réfugiés n'était pas comparable à l'enfer des camps de concentration, elle détruisait les derniers menus plaisirs de la vie quotidienne et anéantissait les jeux insouciants des enfants. Les jeunes n'avaient plus droit à l'enfance, ils portaient à leur façon le fardeau de tous. Les familles étaient aussi privées de la présence des pères qui étaient au front ou parmi les trois millions de soldats morts à la guerre.

Malgré leur misère, les réfugiés se plaignaient peu. Ils se sentaient coupables, conscients que leur sort était la conséquence d'une guerre déclenchée par leur propre pays et qui avait plongé de nombreuses nations dans l'horreur.

Avec les progrès des Soviétiques et des Américains, la guerre tirait à sa fin. La paix que le peuple allemand espérait ne serait pas un moment de joyeuse célébration, mais la fin d'un régime et ses cauchemars. Durant leur fuite désespérée, les réfugiés étaient les acteurs d'une tragédie qui ressemblait à la fin du monde. Les autorités nazies, pour leur part, mettaient la population en garde : profitez de la guerre, car la paix sera effrayante. (*Genießt den Krieg, denn der Friede wird schrecklich.*)

La fuite vers l'ouest se déroulait sous les attaques des avions de chasse des Alliés. Les réfugiés découvriraient bientôt que le Tyrol ne pouvait pas nourrir des centaines de milliers de bouches supplémentaires ni loger convenablement tous ces réfugiés. Ils seraient entassés dans des maisons privées ou dans les écoles et devraient se contenter d'une alimentation famélique.

Ces exodes vers les campagnes n'étaient pas un phénomène nouveau pour les Allemands. Dès 1942, avec le début des bombardements quotidiens des villes allemandes par les Alliés, les autorités nazies avaient enclenché une grande opération de déménagement des femmes et des enfants vers les campagnes. Officiellement, ces grands dérangements, d'ailleurs fort bien organisés, étaient présentés comme des excursions de santé. En réalité, le gouvernement voulait mettre les mères et les enfants à l'abri des bombes meurtrières qui avaient déjà tué plus de huit cent mille citadins et aussi éviter d'aggraver le chaos dans les villes en ruines. Deux millions et demi d'enfants étaient ainsi hébergés, soit dans des familles quand il s'agissait d'enfants de moins de dix ans accompagnés de leurs mères, soit dans les neuf mille camps administrés par les Jeunesses hitlériennes pour les enfants plus âgés.

Les foules en déroute du printemps 1945 étaient, par contre, des réfugiés qui fuyaient les armées soviétiques. Dans cette foule empressée se trouvaient, le 2 avril 1945, Traudi, son petit frère Franz et leur maman.

Le Tyrol sera libéré par des troupes marocaines de l'armée française le 19 avril, à peine deux semaines après l'arrivée des réfugiés. La région comptera alors sept cent mille réfugiés, quatre-vingt mille anciens prisonniers des camps de concentration et deux cent cinquante mille prisonniers de guerre allemands.

Chapitre 8

Août 1945,
de retour à Vienne

Vienne, 6 juin 2004

Cher Kees,

Maman, Franz et moi sommes retournés chez nous au mois d'août 1945, après un séjour de quatre mois au Tyrol. À Urfahr, une autre région d'Autriche, nous devions traverser le Danube dont l'eau était très haute. Nous formions une longue file. On attendait. Il faisait chaud, pas d'eau à boire, pas de pain.

Juste devant nous se trouvait un soldat russe. Quand notre tour est arrivé de traverser le fleuve, il a dit *Njet* (non). Demain. La même attente le lendemain. Enfin, nous avons pu traverser le Danube sur un pont de fortune. Sur l'autre rive se trouvait un autre Russe. Nous sommes ainsi entrés dans le secteur russe de Vienne. Pour moi, ce Russe était fort et grand. Il a examiné le laissez-passer de maman, m'a regardée et m'a demandé dans un mauvais allemand où je voulais aller. J'ai répondu *Ham* (cela veut dire « à la maison »). Il m'a regardée avec gentillesse et m'a fait un sourire. Peut-être qu'il avait aussi des petites filles chez lui.

Tout cela est tellement vif dans ma mémoire, c'est comme si c'était arrivé hier. Je pleure rien qu'à y penser. Je ne pourrai jamais oublier tout ça et bien d'autres choses. Mais la vie continue, et pour moi aussi.

En août 1945, nous sommes arrivés chez grand-papa. Sa maison n'était pas endommagée, mais quand il pleuvait, l'eau coulait dans la maison. Il fallait travailler d'arrache-pied pour trouver de quoi chauffer et de la nourriture.

Pour moi, l'école communale (la Volkschule) a recommencé. Pour m'y rendre, je devais marcher un kilomètre et demi aller et retour. Il faisait terriblement froid et il y avait beaucoup de neige.

Au cours de l'hiver, nous n'avions qu'une heure d'école par semaine. Puisqu'il n'y avait pas de charbon, nous étions assises en classe avec nos manteaux et nos souliers troués. On servait à l'école, grâce aux Américains, un gros chaudron de nourriture chaude. Le goût n'était pas fameux, mais c'était de la nourriture. Ensuite, nous faisions un kilomètre et demi dans la neige épaisse pour retourner chez nous. Nos semelles étaient faites en cuir pressé et en papier. Nos pieds étaient toujours mouillés.

De retour de l'école, à la maison, il faisait froid. Mes parents allaient chercher du bois avec une toute petite voiture dans les maisons détruites ou endommagées. Il fallait traîner le bois vers la maison, le couper en morceaux et le mettre dans un minuscule fourneau. La puanteur était horrible, mais il faisait chaud. C'est ça qui comptait. Encore aujourd'hui, je suis incapable de tolérer le froid. C'est peut-être un traumatisme d'enfance.

Je portais les vêtements de mon frère, soigneusement reprisés par maman avec des boutons dépareillés. Maman était habile à faire du neuf avec de vieilles affaires. Moi aussi, je le faisais, mais en moins beau qu'elle. Il n'y avait pas de travail. Maman cousait de nouveaux cols sur des chemises pour hommes. En dépit de mon jeune âge, je travaillais aussi, je reprisais des bas, je réparais des draps, je tricotais. Je ne fais plus ça aujourd'hui.

Après la guerre, il y avait beaucoup de chômeurs. Papa était charpentier de métier, mais souvent sans travail. Maman avait la vie très dure. Elle ne pouvait pas faire grand-chose. Après la guerre, on gardait le silence sur tout à la maison.

Pour le premier Noël d'après-guerre, Papa m'a fabriqué une chambre à coucher pour mes poupées. Je l'ai encore. J'ai aussi eu un petit moulin à café, qui trône toujours dans ma cuisine. Enfant, je disais toujours que je ne voulais pas jouer avec la chambre à poupées afin qu'elle reste belle pour la fille que j'espérais avoir un jour.

Mon frère Franz était le bonheur de mon enfance. Il ne s'occupait pas des interdits. Il m'amenait dans bien des aventures, ramasser de la ferraille, travailler dans les champs, gagner un peu d'argent. J'ai épargné mes schillings afin d'acheter des cadeaux à ma mère pour la fête des Mères, son anniversaire, Noël et Pâques.

Bises

Traudi

À peine quatre jours après le départ de Traudi pour le Tyrol, le 6 avril 1945, les troupes soviétiques avaient lancé leur grande offensive contre la ville de Vienne. La bataille a fait rage pendant une semaine et le 13 avril, la ville était enfin libérée. Les soldats morts durant la bataille étaient enterrés un peu partout, là où ils étaient tombés. Hélas, ce joyau historique au bord du Danube était dévasté. Vingt pour cent des maisons étaient complètement détruites et quatre-vingt-sept mille appartements étaient devenus inhabitables. Plus de trois mille immenses cratères de bombes rendaient les rues impraticables. Cinq cents ponts enjambant le Danube étaient détruits et leurs débris bloquaient toute circulation fluviale. Les réseaux d'aqueduc, d'égout et de gaz étaient en ruines.

Cette ville dont les Viennois aimaient chanter « Vienne, Vienne, toi seule es la ville de nos rêves » (*Wien, Wien, nur du allein, könst jetz die Stadt unser Traüme sein*) n'était que ruines, chaos et désolation, comme toutes les grandes villes allemandes.

Cette cité blessée par les bombardements et la bataille finale devait maintenant se préparer à accueillir ses citoyens qui s'étaient enfuis au Tyrol.

La nuit de Noël 1945, le nouveau président d'Autriche, Leopold Figl, nommé par les Soviétiques, déclarait aux citoyens dans son discours à la radio :

« Je ne peux rien vous donner pour la nuit de Noël. Si vous avez par hasard un sapin de Noël, je ne pourrai pas vous donner des bougies pour l'illuminer. Je n'ai pas un morceau de pain pour vous ni de charbon pour vous chauffer. Pas un pot de conserves. Nous n'avons rien. Je ne peux que vous demander : Croyez en cette Autriche. »

La nourriture était tellement rare à Vienne que soixante pour cent des enfants étaient sous-alimentés. Il n'y avait pas de charbon pour chauffer les maisons. Au retour de leur exode, c'est dans ce climat que les Viennois ont retrouvé leur ville chérie. Traudi, Franz et leur maman avaient aussi pris le chemin du retour pour retrouver la maison du grand-papa qui les hébergeait depuis 1940 à Inzerdorf, un quartier de Vienne.

Chapitre 9

1948, le train d'enfants (*Kinderzug*)

Vienne, 6 juin 2004

Cher Kees,

J'ai reçu ta lettre et j'ai été très émue, car les souvenirs d'Oisterwijk reviennent, ils sont si beaux pour moi. Tu parles de mes fugues avec ma petite valise brun foncé, qui, Dieu soit loué, n'ont jamais abouti. Je n'ai pas de souvenirs de ces fugues. Je me rappelle que tu arrivais de l'école. Ton frère Gabriel aussi, qui était très gentil pour moi, mais un peu timide.

Tu me demandes si j'ai appris le néerlandais, ta langue maternelle. Les enfants apprennent vite et facilement. Le seul mot en néerlandais dont je me souviens est *Meisje* (petite fille), hélas, rien d'autre après tant d'années. Seulement ton papa, oncle Kees, parlait l'allemand. Un jour, de retour en Autriche, j'ai reçu une lettre de lui. Il écrivait à ma famille : « Traudi est comme notre enfant ». J'étais ravie. Je n'étais pas habituée à tant d'attention. Pour moi, les Pays-Bas étaient le paradis, pas seulement à cause de la bonne nourriture, de l'affection de tous, mais parce que j'avais le droit d'être une enfant.

Je ne savais pas qu'il y avait eu tant d'enfants accueillis après la guerre aux Pays-Bas. J'avais de la chance. C'est la Croix-Rouge qui m'a invitée pour le *Kinder Transport*. Maman ne savait pas à quelle famille j'étais destinée. J'étais déjà allée, au préalable, dans un lieu d'accueil en Autriche, mais je n'avais que cinq ans et demi. Trop jeune. Je m'ennuyais. On m'a donné une boîte à beurre que j'ai encore.

Ainsi, Kees, je vis dans des souvenirs.

Bises

Traudi

Au cours de mes recherches pour trouver Traudi, la petite fille de l'ennemi, j'ai trouvé une perle rare qui serait bientôt suivie d'autres trouvailles étonnantes. Le quotidien néerlandais *De Gelderlander* publiait le samedi 13 février 1999 un article intitulé « Aide entre voisins ». Comment des Néerlandais, juste après la guerre, ont aidé des enfants allemands sous-alimentés. Le journaliste avait trouvé dans un vieux journal intime jauni, datant de 1948, tenu par une infirmière de la Croix-

Rouge, des notes sur un train d'enfants autrichiens arrivé aux Pays-Bas le 7 novembre 1948.

De fil en aiguille, le journaliste découvrait qu'à partir de 1948, grâce à la Croix-Rouge et aux Églises néerlandaises, pas moins de quarante mille familles avaient accueilli des enfants autrichiens et allemands, tous arrivés en train, avec des *Kinderzug* ou Trains pour enfants.

Les familles d'accueil étaient choisies avec soin, en tenant compte de la religion des enfants et du passé politique des familles. Chaque enfant était examiné à son arrivée à la frontière néerlandaise par des médecins ou des infirmières et recevait un certificat médical avec son état de santé, son nom et sa provenance. Les enfants portaient ces informations sur un carton suspendu au cou. Pour tout bagage, ils portaient une boîte de carton ou une petite valise.

Le journaliste découvrit que ce geste de compassion avait déjà été pratiqué après la Première Guerre mondiale. Les horreurs de la guerre n'avaient donc heureusement pas tourné en pierre le cœur des gens qui avaient souffert de l'occupation allemande. Pourtant, au lendemain de la guerre, on entendait encore aux Pays-Bas le dicton « Un bon Allemand est un Allemand mort ». Au moins quarante mille familles néerlandaises ont ainsi dit non à la vengeance contre les enfants de l'ennemi d'hier.

Un site Internet autrichien raconte que les Pays-Bas n'ont pas été seuls dans leur compassion pour les enfants allemands. Dès novembre 1945, la Croix-Rouge suisse, aidée des autorités militaires américaines, avait organisé un séjour de trois mois pour douze mille sept cent quarante-sept enfants allemands en Suisse.

Des agences américaines avaient fait leur part pour aider la jeunesse autrichienne, grâce à l'envoi de nourriture, de cent mille boîtes de savon, dix mille boîtes de crayons, mille plumes, vingt-cinq mille gommes à effacer et deux mille trousses de premiers soins et du matériel pour copier des documents.

Dès l'été 1946, le bureau de la Croix-Rouge néerlandaise à Vienne obtenait des Néerlandais l'envoi de deux cent mille colis d'aide. Deux années plus tard, au moment où les Pays-Bas ne souffraient plus du manque de nourriture, des trains spéciaux, des *Kinderzug*, partaient pour les Pays-Bas, bondés d'enfants autrichiens et allemands, accompagnés de responsables de la Croix-Rouge.

Ces « nez pâles », comme on les appelait, ne connaissaient pas leur destination finale, mais ils échapperaient pendant quelques mois à la misère qui régnait toujours dans leur pays. Ils pourraient enfin manger à leur faim, jouer à la poupée ou au ballon, rire et faire des folies.

Le voyage durait trente heures, passait par des régions dévastées et se terminait à Venlo, aux Pays-Bas, d'où on les accompagnait vers leur famille adoptive.

Le quai de la gare était bondé de mamans qui s'efforçaient de retenir leurs larmes et d'enfants tiraillés entre la tristesse de la séparation, l'excitation d'un voyage en train et l'anticipation d'assiettes débordantes de bonne soupe, de viande, de pain blanc et de friandises.

Les bénévoles et employés de la Croix Rouge contemplaient la scène avec une certaine fierté d'avoir contribué à la victoire de la compassion sur la colère.

Personne ne se doutait que ces enfants gringalets reviendraient transformés dans quelques mois. Chargés de cadeaux et de souvenirs du pays hôte, ils ne porteraient plus les vêtements du jour de leur départ devenus trop serrés pour leur corps qui aurait retrouvé son poids normal. Ils ne parleraient plus le dialecte viennois, mais s'exprimeraient spontanément en néerlandais, une langue que leurs parents ne comprendraient pas. Ils ne se doutaient pas non plus que leur visite transformerait aussi leur famille d'accueil.

Le 5 avril 1948, cinq cents enfants autrichiens prenaient ainsi le train à la gare Franz-Josef de Vienne. Au moins douze mille enfants autrichiens feraient le même voyage, tout comme vingt mille enfants allemands.

Traudi était déjà partie en mars avec sa petite valise brune, le carton au cou et elle faisait déjà partie d'une famille à Oisterwijk. Ce ne serait d'ailleurs pas sa seule visite.

Chapitre 10

1950, Traudi revient chez nous

Vienne, 23 janvier 2005

Cher Kees,

En 1950, c'était la deuxième fois que je venais en visite chez vous. C'est tante Thérèse qui est venue nous chercher à la gare. Je regardais par la fenêtre du wagon.

Là, j'ai vu tante Thérèse avec un béret sur la tête. Elle avait un brassard autour du bras. Elle était désignée pour aller chercher les enfants pour les familles d'accueil. J'étais si fière, devant les autres enfants, que ma tante soit venue pour les chercher. J'étais très heureuse de la voir là.

Mais mon Dieu, mon cœur a bondi de douleur. Elle avait le visage pâle, ça me faisait de la peine. Ma tante était-elle malade ? Je ne le savais pas.

À cette deuxième visite aux Pays-Bas, ton frère Charles avait deux ans et demi, je crois. J'ai voulu faire du vélo, car j'avais appris à en faire, ainsi qu'à nager. J'ai installé Charles sur le siège arrière. Il voulait rouler sans s'attacher. Puis j'ai entendu un cri de douleur. Charles avait coincé son petit pied dans les rayons de la roue. Rien de vraiment grave, mais c'était un choc pour lui et pour moi. Charles pleurait et moi aussi. Lui, de douleur et moi, de peine.

Oncle Kees avait l'air sévère, mais pas tante Thérèse. Elle a embrassé le petit pied de son dernier. Elle ne m'a pas fait de reproches, ce qui aurait été impossible avec ma mère. Au contraire, tante nous a consolés tous les deux. Je lui ai déclaré que je voulais retourner chez nous. Mais elle souriait gentiment et avait de la compassion pour mes soucis. Elle est allée chercher une boîte de bonbons dans sa chambre et nous a laissés choisir. Le goût n'était pas parfait, car ma peine était trop grande. J'avais fait une faute, mais je n'avais eu que de l'amour en retour.

Quelle gentille dame ! Son sourire, je le vois encore comme si c'était hier. Tante Thérèse était une bénévole très active de la Croix-Rouge. Moi aussi, j'étais engagée avec d'autres enfants autrichiens. Je me vois encore avec ta maman près d'un kiosque, je ne sais où. Nous ramassions de l'argent pour des enfants pauvres des Pays-Bas.

Comme décoration, nous avions par-dessus nos vêtements du papier crêpe rouge-blanc-rouge, couleurs de l'Autriche, avec un petit drapeau. Nous chantions en chœur :

Wien, Wien nur du allein, könst jetz die Stadt meiner Traüme sein. Dort wo die alter Haüser stehn, dort wo die lieblichen Mädchen gehn. Wien, Wien, nur du allein soll stetz die Stadt meiner Traüme sein. Dort wo Ich glücklich und selig bin, ist Wien, Wien, mein Wien.

« Vienne, Ô Vienne, toi seule seras
    toujours la ville de mes rêves
Là où sont les vieilles maisons !
Là où se promènent les jolies filles !
Vienne, Ô Vienne, seule tu seras toujours
    la ville de mes rêves !
Là où je suis heureux et comblé,
    se trouve Vienne, c'est Vienne,
    c'est ma Vienne à moi. »

Ce refrain, je le chantais déjà à cinq ans dans le camp à Voralberg, où j'étais réfugiée avec maman et mon frère Franz.

Je me tenais donc là avec ma bourse pleine de florins quand il s'est mis à pleuvoir. Les couleurs de nos papiers fondaient et le blanc devenait rouge. Il faisait terriblement froid et on était détrempés. J'étais heureuse, car j'avais aidé ; comme tu m'as écrit : ce qui compte, c'est ce qu'on fait. La bourse bien pleine a apporté du réconfort aux enfants pauvres. Voilà pourquoi c'est si vif dans ma mémoire.

Tante Thérèse était habile dans les travaux à la main. Pour la fête des Mères, j'ai voulu tricoter une petite couverture pour maman. C'est tante qui l'a finie pour moi. Je l'ai encore, car maman me l'a redonnée. Je la garde avec vénération. J'ai demandé un jour à tante

Thérèse pourquoi elle m'avait choisie pour venir chez elle. Elle me disait qu'elle voulait une petite fille de huit ans, aux cheveux foncés. Ce choix me remplissait de bonheur. Peut-être pensait-elle à sa petite Troeleke qu'elle avait perdue pendant la guerre.

Aujourd'hui, je veux te redire comment oncle Kees et tante Thérèse étaient des humains remarquables d'accueillir une enfant de l'ennemi dans leur maison, de la soigner, de prendre soin d'elle, de l'aimer comme leur enfant. Ça, c'est de l'humanité.

Je ne savais même pas alors que notre pays avait été votre ennemi. Je n'avais pas peur que les gens ne m'acceptent pas. Qui sait ?

Je t'embrasse.

Traudi

Chapitre 11

Une pièce de théâtre
et dix mille amis

Avant même les retrouvailles avec Traudi, la petite Allemande a touché l'imagination et le cœur de deux amis, fondateurs d'une compagnie de théâtre. Comme moi, ils sont frappés par le peu de place que prennent les simples citoyens et les enfants dans les livres et les films sur la Seconde Guerre mondiale et aussi par les grands oubliés, les enfants de l'ennemi.

Ils décident de créer une pièce qui présentera en parallèle la vie d'un enfant néerlandais sous l'occupation allemande et celle d'une petite fille allemande qui vit la fierté et ensuite la désillusion et le naufrage de l'empire nazi.

Ils nomment la petite Allemande Traudi, en hommage à celle que nous avons accueillie chez nous en 1948. La pièce s'intitule *Auf Wiedersehen*, car elle se terminera sur le vœu qu'un jour, les enfants des deux camps se rencontrent de nouveau. J'ai l'honneur et un certain plaisir de participer à la pièce de théâtre qui permet aux spectateurs d'entendre les souvenirs d'un témoin qui a vécu, enfant, l'occupation allemande et la libération par les Canadiens, mais aussi celle d'une fille allemande, vivant au pays de l'ennemi.

La pièce est un plaidoyer pour la compassion à l'égard des grands oubliés des guerres, les enfants, mais aussi un fier hommage à leur courage et à leur lucidité. En fin de compte, *Auf Wiedersehen* est surtout une invitation à la réconciliation et à la paix. La pièce respire l'espoir et son message semble particulièrement pertinent en ces années de conflits au Moyen-Orient et en Afrique. Tout en jouant mon propre rôle, je ne cessais de rêver à la vraie

Traudi que je reverrais peut-être un jour, face à face.

Entre-temps, je continue mes visites scolaires pour raconter mes souvenirs de guerre et parler de paix et de réconciliation. Durant ces rencontres, les enfants veulent tous en savoir plus sur la fameuse Traudi dont je leur montre la photo de première communion. Ils s'écrient : qu'elle est belle ! Pour ces petits gars et ces petites filles, cette Allemande accueillie dans une famille néerlandaise est presque une héroïne. Elle est un symbole concret et accessible de la réconciliation, la clé du dénouement d'un drame terrible, la promesse de la paix chez tous, l'espoir que victimes et ennemis puissent, un jour, se réconcilier et retrouver la fraternité ou au moins assurer l'acceptation et un certain respect mutuel.

Un groupe de ces enfants d'une école de Montréal a fait toute une surprise à Traudi. Une bonne semaine avant la Saint-Valentin, je reçois un colis contenant soixante-deux cartes de vœux de bonheur pour Traudi. Les cartes sont dessinées, coloriées et écrites par des enfants de huit à douze ans. Ils ont attaché les dessins avec du ruban pour qu'elles forment une banderole de fête. La plupart des noms sont d'immigrants au Canada, dont du Viêt-Nam, de l'Afghanistan, de la Colombie, de la Russie, du Maroc, du Salvador, de la Chine, de l'Inde, d'Haïti, etc. Leur nom sonne comme une musique et leurs messages et leurs poèmes parlent à la lointaine Traudi d'amour et de paix. Voici les noms de celles et ceux qui ont signé leurs vœux :

Rifa	Haque	Dai
Waleeshah,	Thi Thuy	Tran
Coyote	Taïna	Pradent
Vandy	Raouf	Dominik
Momutaz	Farhan	Akikur
Mila	Fatima	Mahmuda
Saïma	Rubina	Jeff
Makfuzur	Vannoi	Rosa-Maria

Julia   Bita   Rizman
Manh Cuong   Billal   Vlad
Pierre-Jean   Matheena   Michael
Clémentine   John   Christopher
Holly   Mohammad   Jean-Louis
Brenda   Kevin Castro   Hassan
Lee Van Cleef   Thanussha   Ricardo
Leila   Éric   Marie-Anne
Shayana   Patrice   Daniel
Justin   Insji   Anousana
Myriam

Traudi, qui a mené une vie discrète et se croit oubliée de tous, est maintenant connue de près de dix mille enfants qui ont produit d'innombrables dessins accrochés dans des classes et qui ont même envoyé des cartes de vœux. En plus, de nombreux parents ont témoigné des récits enthousiastes de leurs jeunes qui avaient découvert la vie des enfants durant la guerre et aussi les chemins qui mènent vers la paix.

Dominik a offert à Traudi un poème de paix qui chasse la guerre en alliant des images de bonheur et de gourmandise.

Les avalanches seront en poudre de lait
Les soldats seront en fleurs d'été
Les couteaux en crème vanille
Les casques deviendront des melons
Le plomb tombera en pluie sucrée
Quelle gourmandise !

Pour une petite qui a oublié de signer son nom, les futures guerres ne feront plus mal :

La fumée sera à la grenadine
Le sang au jus de fraises
Les motos seront en chocolat
Les canons en pain d'épice.

Mohammad écrit à son tour :
Chère Traudi, la vie est sacrée et belle comme une rose.

Quant à lui, Jean-Louis confie :
La paix sur la terre.
Le monde est ma maison.
La paix est mon espoir.
J'ai lu ça dans un poème et j'ai trouvé ça beau et intéressant.

Qui sait ? Ces enfants sont peut-être devenus dans les cuisines, les cours d'école et dans les rues, des acteurs de réconciliation et des porteurs de paix.

Quelques semaines après les vœux, arrive la réponse de Traudi... soixante-deux messages, un pour chaque jeune auteur.

À John Christopher qui avait écrit : Traudi, j'aimerais jouer avec toi et j'aimerais te voir parce que je serais content. Je te souhaite, de plus, d'être sans danger. Bonne chance.

Traudi répondit en pensant, sans doute, aux soixante autres enfants :

Cher John Christopher, tous les gens sur la terre pourraient vivre sans danger. Tu m'as touchée et tu m'as donné de la joie. C'est merveilleux. Je te souhaite, à toi aussi, beaucoup de bonheur. Quand je serai triste, je penserai à toi et à tous tes amis qui m'ont écrit de si belles choses pleines d'amitié.

Traudi

Chapitre 12

Une enfant à notre table

En relisant mes lettres et les réponses de Traudi, je les trouve vivantes et pleines de la joie des retrouvailles. Mais je me demande pourquoi l'image de cette enfant allemande me secoue tant après plus de cinquante ans ? Pourquoi son visage illumine-t-il nos vieilles photos de famille de 1948 ?

Enfant, elle a fait tout normalement partie de la famille, mais sans s'en rendre compte, elle y a introduit un début de réconciliation après un immense conflit qui nous a directement touchés. Elle nous guérit de la haine qui étouffait encore beaucoup de mes compatriotes.

Cette réconciliation ne s'est pas opérée à travers des gestes solennels, grandioses, graves, mais par les jeux, les chants, les repas, une vie très ordinaire et sans éclats. La paix ne se construit probablement pas à coups de cérémonies et de grands gestes, mais au cœur de la vie normale de tous les jours où chacun est simplement ce qu'il est.

Dans notre maison d'Oisterwijk, un grand dénouement s'est produit pour notre famille, comme probablement dans les trente mille autres foyers néerlandais. Traudi, souriante sur les photos de famille, est devenue avec les années un puissant symbole de paix.

Voilà pourquoi, en écrivant mes *Liebe Traudi*, à une femme qui a maintenant 64 ans, je cherche les premières heures de surprises, d'accueil, d'adoption. La joie de la réconciliation. Le reste de la vie qui suit avec ses méandres lui appartient, mais les mois de 1948 nous appartiennent à nous aussi. La maman sur la photo est aussi importante que l'enfant accueillie, car c'est elle qui a décidé d'accueillir ce « nez pâle », sans égard aux horreurs infligées à notre pays par le sien. Comme en amitié, le partage est moins celui de nos longues histoires personnelles, des réussites ou des échecs, que le fait qu'après cinquante ans, nous soyons demeurés frère et sœur, sans cérémonie.

Aucun monument ne rend hommage à toutes ces Traudis et à toutes ces tantes Thérèse des années d'après-guerre. Leurs gestes n'ont pas été portés à l'écran, peu de livres en parlent. Elles méritent quand même une place dans nos cœurs et dans les célébrations de la réconciliation et de la paix.

À Coventry, en Grande-Bretagne, se trouvait une cathédrale magnifique détruite au début de la guerre pendant un bombardement barbare de l'aviation allemande. La cathédrale a été reconstruite et une chapelle y est consacrée à la réconciliation avec l'ennemi d'hier. Pas moins de vingt-six villes de dix-sept pays sont jumelées avec Coventry, dont les principaux pays engagés dans le conflit.

Le révérend John Irvine, doyen de la cathédrale, dit au sujet de ce symbole de réconciliation : « Cheminer des ruines de la vieille cathédrale vers la splendeur de la nouvelle, c'est quitter les ruines de l'autodestruction des hommes pour aller vers l'espoir glorieux de la résurrection. Votre cœur se lève, votre esprit se renouvelle et vous sentez qu'il y a de l'espoir pour l'humanité et que la réconciliation est possible. »

À une échelle beaucoup plus modeste, mais plus près de tous, on pourrait dire des paroles semblables en parlant des milliers de familles qui, après une guerre barbare et meurtrière, ont accueilli sans hésitation les fils et les filles de l'ennemi. Ils ont surmonté une colère juste et oublié pendant un instant les blessures de la guerre. Leur compassion chaleureuse a vaincu la haine et aujourd'hui, ils donnent de l'espoir aux enfants de Palestine, de Tchétchénie, du Soudan, de l'Iraq et de tant d'autres pays malgré les rancunes et les haines.

Les parents traînent parfois de lourdes valises d'expériences passées, de peines et de colères encore vives. S'ils réussissent à ne pas faire porter ces poids par leurs enfants, la paix et la réconciliation sont possibles, même après des drames déchirants.

Les Grands et Puissants de ce monde peuvent conclure des alliances de paix et construire des monuments de granit et d'acier, mais ce sont les familles anonymes qui invitent l'ennemi d'hier à leur table pour vivre la paix retrouvée.

Je relis ce souvenir de la deuxième visite de Traudi :

« C'est tante Thérèse qui est venue nous chercher à la gare. Je regardais par la fenêtre du wagon.

« Là je l'ai vue avec un béret sur la tête. Elle portait un brassard autour du bras. Elle était désignée par la Croix-Rouge pour aller chercher les enfants pour les familles d'accueil. J'étais si fière devant les autres enfants que ma tante soit venue les chercher. J'étais très heureuse de la voir là. »

Si les « enfants de l'ennemi » au lendemain des grands conflits voyaient par la fenêtre de leur train ou de leur autocar ou par le hublot de leur avion, des tantes Thérèse qui les attendent pour les accueillir à leur table, la paix avancerait d'un long chemin.

Bon appétit !

Merci à Traudi et à tous les porteurs d'espoir.

Hiver 2004 - 2005

Le train
qui ne cessait de siffler

(Conte de l'auteur portant sur
la réconciliation.)

Franz ne pouvait plus supporter le siffle-
ment d'une locomotive. Le long cri plaintif
du train qui file dans la plaine, lui transperçait le cœur comme une épée brûlante.
Il avait passé ses jeunes années, durant
les années 40, comme conducteur de train
en Allemagne. Il avait sillonné les régions
les plus éloignées et visité des gares
grandioses et modestes. Avec le déclen-
chement de la guerre, il avait été recruté
pour assurer des transports pour l'armée
allemande. Son train avait conduit des
soldats enthousiastes vers la conquête de
la Pologne et la Russie. Il était fier de
faire sa part pour la gloire du futur
Troisième Reich allemand.

Mais cette fierté céda au doute et à l'horreur quand on lui confia le transport de milliers de Juifs vers des camps de concentration. Dachau, Buchenwald, puis plus loin Auschwitz, Treblinka. Son train, composé d'un long convoi de wagons à bétail, sans fenêtres ni chauffage, amenait des vieillards, des mères avec leurs bébés serrés dans les bras et les enfants accrochés à leurs manteaux, tous habillés à la hâte, les yeux hagards. Rendus à leur triste destination, les soldats les attendaient, assistés de leurs chiens féroces. Par le petit rétroviseur de sa locomotive, Franz contemplait avec horreur le troupeau humain débouler pêle-mêle des wagons sous les hurlements des militaires, les jappements des chiens et les pleurs des enfants. Affamés, aveuglés par le soleil, les prisonniers étaient conduits vers un enfer dont ils ne sortiraient probablement pas vivants.

Quand Franz faisait crier le sifflet du train, il croyait entendre un long gémissement qui s'élevait des wagons bondés de pauvres gens. Chaque coup de sifflet lançait un cri de détresse qui lui transperçait le cœur et déchirait davantage la paix de sa conscience. Il n'osait pas protester de crainte d'être livré à la même destination que ses malheureux passagers. Il n'en soufflait mot à sa famille et personne ne se doutait de la participation du bon Franz à l'œuvre de la mort. C'était pourtant son train qui conduisait impitoyablement les victimes vers la misère et la mort des camps d'Allemagne et de Pologne.

Pendant quatre ans, il avait ainsi été le conducteur de l'angoisse et du désespoir. Il avait été un petit rouage efficace d'une industrie de la mort. Après la guerre, dans le chaos qui régnait partout, personne n'avait incommodé le petit conducteur de train. Franz se fondit dans la foule et reprit son travail de conducteur compétent et infatigable à bord de trains normaux de voyageurs ou des convois de marchandises.

Mais même si les autorités qui jugeaient le régime de terreur des Nazis l'avaient oublié, et même si sa petite famille l'entourait d'affection, Franz devenait de plus en plus angoissé aux commandes de sa locomotive. Il tremblait à l'idée qu'il devrait bientôt tirer sur la corde du sifflet et entendre de nouveau le cri de détresse des milliers de personnes qu'il avait jadis conduites aux camps de la mort. Les souvenirs de ces années d'horreur, de ces voyages lugubres et interminables dans la nuit, rendaient son boulot de conducteur bientôt insupportable. Il voulait oublier et, si possible, se faire pardonner.

Il voulait aussi réparer les vies qu'il avait contribué à détruire, refaire la paix dans son cœur. Peut-être si on l'avait jeté en prison pour son rôle durant la guerre, il se serait senti soulagé d'avoir payé au moins une partie de la dette qu'il devait aux victimes du régime. Mais cela ne réparerait pas les cassures, ne redonnerait pas la vie. Pour calmer ses nerfs, Franz abandonna son travail de conducteur et dans l'espoir de corriger un peu les dommages du passé, il choisit de travailler pour les gens les plus démunis, les vieux et les vieilles dans les hospices. Hélas, les silhouettes courbées des vieilles dames et les frêles figures des vieillards lui rappelaient les voyageurs de son train de la mort. Il avait beau se donner corps et âme, les heures qu'il passait à laver les planchers ou à pousser les fauteuils roulants des résidents étaient trop peu de chose en regard du lourd passé qu'il ne réussissait pas à effacer. Ses nuits demeuraient tourmentées et la paix refusait de s'installer chez lui.

La femme et les enfants de Franz ignoraient son secret. Ils voyaient bien qu'il était angoissé et sombre, mais ils ne réussissaient pas à le faire parler. Sans doute, avait-il vu des choses terribles, qu'il valait mieux taire. La famille avait donc accepté avec soulagement sa suggestion de quitter l'Allemagne pour un pays lointain, où ils pourraient tous oublier les misères de cette guerre. Après de longues discussions, ils avaient choisi le Canada, pays de paix, peu enclin aux excès de puissance. À soixante ans, il y avait ainsi trouvé un coin de pays accueillant, où les gens parlaient le français, dans une ville logée entre une rivière et une montagne. Sa nouvelle patrie s'appelait Mont-Saint-Hilaire.

Mais puisque nous traînons notre passé avec nous, caché dans notre cœur, Franz subissait des rappels brutaux du passé quand le train qui passait près de sa ville d'adoption, sifflait à de rares occasions pour annoncer son passage. Les coups de sifflet qui évoquent chez les uns le plaisir des longs voyages, faisaient bondir le cœur de Franz et déchiraient chez l'ancien chauffeur de train une paix partiellement retrouvée. La montagne de Saint-Hilaire amplifiait le terrible écho des voix lointaines et le ramenait brutalement dans la cabine de sa locomotive avec son convoi de damnés.

Rendu vieux, il rêvait à la paix, comme un enfant rêve à un miracle qui viendra réparer son beau jouet cassé ou comme un pauvre qui rêve d'un château en Espagne. Franz rêvait au pardon qui efface et qui fait renaître en neuf. Le trouverait-il avant la fin de ses jours ? Le pauvre homme avait fini par trouver un remède pour calmer un peu ses angoisses. Après le passage du train, il fuyait pour quelques heures sa ville et se plongeait dans la paix des sentiers sauvages de la montagne. Le vent dans les cimes, les chants des oiseaux et le murmure des ruisseaux le détendaient temporairement.

Heureusement que la montage possédait des énergies bénéfiques qu'elle distribuait sans compter si on savait les prendre. Ainsi, un jour que Franz était assis au bord d'un petit étang du sentier paisible du Sommet Dieppe, la montagne lui a parlé.

Soudainement, un oiseau blanc avait atterri de nulle part sur un vieux tronc d'arbre devant lui. L'apparition ne l'avait pas ébranlé, tant son allure ressemblait à la colombe de la paix. L'oiseau à peine perché, s'était aussitôt mué en la figure légère, presque diaphane, d'une femme habillée de lumière. Était-elle cette fameuse Fée dont parlaient les vieux contes de la montagne ? Pourtant elle n'existait que dans la tête des conteurs. Tant qu'à rêver ici, pourquoi ne pas attendre la suite ?

— Cher visiteur, je crois constater que vous ne venez pas ici simplement pour prendre l'air pur ou pour écouter le chant des oiseaux. À voir vos yeux inquiets, vous semblez plutôt à la recherche d'un moment de détente, loin des bruits de la ville. Est-ce que je me trompe ? disait-elle d'une voix cristalline.

— Qu'est-ce qui vous fait dire ça, Madame ? reprit Franz, soulagé qu'une inconnue lui offrait une occasion de déposer un instant son triste fardeau.

— J'observe les visiteurs depuis de longues années. S'ils ont le goût de parler, je leur donne un peu de l'esprit de la montagne.

— La montagne ne pourra pas faire grand-chose pour moi, je crains, Madame.

— Vous savez, cher visiteur, la Nature hérite des forces de son Créateur.

Franz s'était laissé convaincre et en balbutiant avait confié à la Fée — car c'était bien elle — son terrible secret. Elle n'avait pas bronché et n'avait pas levé la voix.

— Cher Franz, je ne sais pas ce que le Créateur pense de toi, mais je peux le deviner en regardant la montagne qu'Il nous a donnée. Suis moi.

Elle le précédait, légère comme un nuage, sans faire le moindre bruit, jusqu'à une petite clairière. Elle pointait silencieusement son doigt vers une forme rousse dans l'herbe, près d'un tronc d'arbre percé de mille trous d'insectes. C'était un beau renard qui cherchait sa proie.

— Tu sais, Franz, la Nature ne juge pas, ne se venge pas. La montagne ne juge pas les renards qui mangent les lièvres ni les insectes qui infestent des arbres. La Nature laisse le soin au Créateur d'être le Juge. Il y a eu de grands drames ici, au cours des siècles, des incendies destructeurs, des verglas dévastateurs. Pourtant, la montagne ne s'est pas vengée du feu qui a brûlé ses collines ou de la pluie verglaçante qui a cassé la cime de ses arbres. La Nature est patiente et ne répond pas à la violence par la violence. Elle est la fille de la Paix.

— Mais qu'est-ce que la montagne pourrait bien faire pour que je n'entende plus les voix du passé quand le train siffle ? répliquait Franz.

— Fréquente la montagne, regarde-la vivre, observe la Nature. Elle n'est pas dépourvue de violence, mais elle ne guérit jamais la violence par la violence. Elle chassera peut-être la violence de ton cœur. Celle qui a tué tes passagers et qui a aussi brisé ta paix.

La Fée avait disparu aussi subitement qu'elle était venue. Elle s'était envolée dans les cimes comme la colombe de la paix, laissant Franz rêveur.

Après cette rencontre magique, à force d'arpenter les sentiers, en se répétant le message de la Fée, Franz commençait à retrouver des moments de calme. Il se sentait lentement délivré de la violence qui le hantait depuis tant d'années. Mais il ressentait maintenant un étrange vide. Il était délivré de l'angoisse, mais il voulait aussi réparer ce qui avait été brisé, reconstruire un peu ce qu'il avait contribué à détruire. Comment pouvait-il, maintenant qu'il se sentait un peu plus libre, redonner à ses passagers d'antan ce qu'on leur avait arraché ? Quand le train sifflait, il n'entendait maintenant plus les pleurs de ses passagers, mais une invitation *Fais quelque chose, vieux Franz*. Il ne pouvait pas se contenter d'être délivré d'un fardeau, il voulait payer sa dette.

Un beau jour d'automne, de retour à son étang où il avait rencontré la Fée, Franz s'assoyeait, dans l'espoir de revoir l'oiseau blanc. Sa patience avait été récompensée une belle journée d'automne.

— La paix ne vous suffit pas, Franz ?

— Non, expliquait-il. Je voudrais réparer ce que j'ai brisé jadis. Ce n'est plus la violence qui me tourmente, mais la lourdeur de ma dette à payer.

— Franz, j'ai un plan. Je demanderai à tes anciens passagers de la misère ce que tu peux faire pour payer ta dette.

— Comment, alors ? répondait Franz, plein d'espoir.

— Dans une semaine, je ramènerai à Mont-Saint-Hilaire, le train que tu as conduit, un jour, aux camps d'extermination. Tu rencontreras ici sur ma montagne tes anciens passagers de la misère, qui sont délivrés aujourd'hui.

— Mais c'est terrible, Madame. Je me sentirai écrasé par le remords et la honte.

— Courage, Franz. Fie-toi à moi. Je serai là. Ne crains donc pas.

Le moment tant redouté arriva un mardi d'automne. Le soleil brillait et la montagne portait son manteau royal de saison. La Fée dit à Franz de s'installer sur le sommet du Pain de Sucre pour voir venir son train. Elle partit en disant :

— À bientôt, Franz, je vais à la rencontre de nos invités. Quand tu verras les gens se diriger vers le pied de la montagne, rends-toi au bord du lac. Nous nous reverrons là.

Franz n'était pas capable de répondre et s'assit, le cœur lourd sur le roc du Pain de Sucre, les jumelles à la main.

Après une attente interminable, il entendit, enfin, au loin, la sirène familière de son vieux train. Il contemplait la scène redoutable. Une petite plume de fumée blanche s'échappait de la vieille locomotive qui tirait lentement un long convoi de wagons à bétail. Le battement rythmé de la machine à vapeur cognait dans ses oreilles comme le martellement de poings sur un mur. Son cœur se serrait à la pensée qu'il allait faire face à ceux qu'il avait conduits aux camps de la mort.

Le train s'est arrêté avec un long crissement de freins, au passage à niveau de Mont-Saint-Hilaire, au pied de la montagne. Les grandes portes des wagons se sont ouvertes et un flot humain s'est déversé le long de la voie ferrée. Franz voyait clairement avec ses jumelles que les passagers étaient encore vêtus des habits rayés gris et blanc du camp. Il voyait des hommes, des femmes, des enfants, tous en habits zébrés, mais apparemment pleins de vie et marchant d'un pas léger. Une colombe blanche volait au-dessus de la foule, comme pour la guider. « Voilà, la Fée ! », se dit Franz. Précédée de la colombe, la procession s'engagea sur le chemin qui mène vers la grande falaise au pied de la montagne.

Là, le vieux conducteur perdit de vue ses passagers. Le cœur cognant comme un marteau sur l'enclume, il descendit du Pain de Sucre en prenant le sentier vers le lac Hertel. Les passagers du train avaient dû marcher d'un pas ferme, car une foule se pressait déjà sur la rive du lac. Mais qu'est-ce qui leur était arrivé ? Ils ne portaient plus leurs habits rayés du camp, mais des chemises et des manteaux aux couleurs éclatantes de l'automne, rouge, jaune, pourpre, or. Ils flottaient gaiement entre les arbres comme entraînés dans une danse ample et joyeuse. La montagne leur avait prêté ses fringues royales.

Puis la Fée apparut. Elle accueillit Franz avec son grand sourire et le conduisit vers le bord du lac. Les invités au lieu de toiser sévèrement leur ancien conducteur ou de lui tourner le dos, ouvraient un grand cercle pour l'accueillir comme un invité d'honneur. « Il y a une erreur », se dit Franz. Ces gens ne savaient donc pas qu'il était le conducteur du train de l'enfer. La Fée qui vit ses yeux affolés, lui fit signe d'aller au centre du cercle. Un vieil homme aux cheveux d'argent s'avança, les mains tendues.

— Salut, Franz. Sois le bienvenu parmi tes anciens passagers. Toi et moi, nous connaissons trop bien les événements horribles qui ont eu lieu il y maintenant 60 ans. Oui, tu étais du côté des bourreaux et nous, parmi les victimes. Mais nous ne sommes pas venus pour te juger ou pour demander des réparations. Ni un seul peuple et encore moins un seul homme peut effacer ces cicatrices du passé ou réparer ce qui a été brisé.

— J'aimerais tant faire quelque chose ! bégayait Franz, les larmes aux yeux. Je vous demande pardon.

La foule était immobile, calme et souriante.

— Mon cher Franz, regarde la montagne. Quand un drame vient troubler sa vie ou ravager sa forêt, elle se relève, grâce à l'indomptable énergie qui l'habite, et elle se met à reconstruire en neuf. C'est comme le pardon après l'horreur. Le pardon est l'énergie qui reconstruit la vie. Le pardon ne se mérite pas, ne s'achète pas. C'est un don gratuit de vie nouvelle. Accepte notre pardon, comme la montagne accueille la vie nouvelle après un incendie ou une tempête de verglas.

— Alors je ne peux rien faire, rien du tout ? demandait Franz en suppliant.

— Oui, ce que tu peux faire de mieux, mon cher ami, est de pardonner à toi-même et aux autres, sans compter.

Le grand cercle se resserra autour de Franz, comme une accolade fraternelle. Ému et enivré, Franz, glissa à terre au milieu des passagers de son train.

Quand il se réveilla, la lune éclairait le lac argenté. Ses passagers étaient repartis. Seule la Fée était là, assise tout près sur un rocher.

— Où sont allés mes passagers ? demanda Franz, étonné.

— Ils ont repris le train pour retrouver le pays de la paix. Maintenant, chaque fois que tu entendras siffler le train, dis-toi qu'ils te saluent et te souhaitent longue vie.

Depuis ce jour merveilleux, Franz a retrouvé la paix. Assis là-haut sur la montagne, il entend de temps en temps le joyeux sifflet du train qui lui rappelle que le pardon est le plus beau don du monde, qui redonne une vie nouvelle à ce qui est brisé.

Il sait que la montagne partage son bonheur.

Kees Vanderheyden

Mont-Saint-Hilaire

Ce livre a été imprimé sur papier 100 % recyclé
sur les presses de l'imprimerie Gauvin,
Gatineau, Québec en avril 2007